Ivo Muri · DIE UHR

Ivo Muri

DIE UHR

Ein kreisrundes
geeichtes Metermass –
zur Regulierung
zwischenmenschlicher
Beziehungen im Raum

Zeit & Mensch
Institut für Zeitwirtschaft und Zeitökologie

Privatdruck Oktober 2004
Herausgegeben durch
Zeit & Mensch
Institut für Zeitwirtschaft und Zeitökologie
Glockenstrasse 1, CH-6210 Sursee/LU
info@zeitmensch.ch

Satz und Gestaltung:
Oesch Verlag AG, Zürich
Umschlagbild: Sinus, Fotoagentur, Aarau

ISBN 3-0350-2802-8

www.zeitmensch.ch

Inhalt

Widmung

Zeitstrukturen und Geldstrukturen sind eng miteinander verflochten. Kein Wunder also, dass es Menschen gibt, welche behaupten, Zeit sei Geld. Durch Zeitstrukturen und Geldstrukturen legen Menschen in Familien, Unternehmungen und Nationen machtvolle Grundlagen, mit denen sie ihr Beziehungsgeflecht regeln.

Dabei sind Zeit- und Geldstrukturen eng an Raumstrukturen gebunden. Es ist deshalb nicht verwunderlich, dass sich das Beziehungsgeflecht zwischen Menschen in Unternehmungen und Nationen, aber auch zwischen Unternehmungen und Nationen tiefgreifend verändert, wenn wir Raum-, Geld- und Zeitstrukturen verändern.

Wer Unternehmungsgrenzen und nationale Grenzen auflöst, darf sich nicht wundern, wenn die Lebenszeit der Menschen und ihr Beziehungsgeflecht unter Druck kommen. Wer mit dem Euro eine einzige Währung für einen ganzen Kontinent etabliert, nimmt in Kauf, dass sich das Beziehungsgeflecht zwischen den Menschen grundlegend verändert und Konflikte entstehen. Wenn aus mehreren Dutzend Nationalökonomien durch die Begründung des Euro eine einzige Kontinentalökonomie geschaffen wird, dann wirkt dies erheblich zurück auf die Kulturen dieser Länder. Eine einzige Währung für viele Nationen bedeutet, eine einzige Zentralmacht zu etablieren. Diese ist das pure Gegenteil zur föderalistischen direkten Demokratie, welche wir in den vergangenen 150 Jahren in der Schweiz gelebt haben.

Besonders drastisch ist mir dies bewusst geworden, als 1998 einer meiner besten Jugendfreunde an einem Asthmaanfall gestorben ist, nachdem er nach zweijähriger Arbeitslosigkeit immer schwächer geworden war. Nicolas G. Hayek, ein Schweizer Unternehmer, warnte 1997 am WEF in Davos die Kapitalbesitzer und appellierte an ihre Verantwortung. Er forderte sie sinngemäß auf, mit ihrem Kapital nicht auszuwandern und in der eigenen Heimat, wo sie ihren Lebensmittelpunkt haben, Arbeitslosigkeit entstehen zu lassen. Diese Warnung blieb offensichtlich ungehört.

Während ich selbst gerade eben eine neue Unternehmung gegründet und viel Arbeit hatte, war mein Freund arbeitslos. Ich hatte viel Arbeit und wenig Zeit – er hatte viel Zeit und keine Arbeit. Mit der Arbeitslosigkeit nahmen wir meinem Freund seine Würde, mit seinem Tod seinen Kindern ihren Vater.

Ich war mir sicher, dass hier etwas nicht stimmt. Denn in der Bundesverfassung haben wir das Recht auf Menschenwürde und in der UNO-Menschenrechtskonvention das Recht auf Arbeit verankert.

Weil ich viel Arbeit, aber zuwenig Geld hatte, auch meinem Freund Arbeit zu geben, beschäftigte mich seit November 1998 eine Frage: Was ist an unserem System Gesellschaft und Wirtschaft falsch, dass Menschen an Arbeitslosigkeit derart leiden – bis sie daran zerbrechen? Schnell war mir klar, dass Arbeitslosigkeit eigentlich Geldlosigkeit heissen müsste. Den Menschen fehlt es an Geld – nicht an Arbeit. Arbeitslosigkeit kann deshalb nur durch eine Neuorganisation und Umverteilung des

Geldes bekämpft werden. Es ist sinnlose Symptombekämpfung, wenn wir nach Arbeit suchen oder mittels Umverteilung von Arbeitszeit versuchen, Geldlosigkeit (Arbeitslosigkeit) zu bekämpfen.

Ich widme dieses Büchlein deshalb den Politikern und Politikerinnen aller Parteien sowie Führungskräften aller Nationen und Institutionen, welche nach ernsthaften und dauerhaften Lösungen für unsere internationale arbeitsteilige Gesellschaft suchen. Dabei begleitet mich die Überzeugung, dass unsere Probleme lösbar sind – einfach nicht in den ausgetretenen Pfaden des 150jährigen Feindbildes Links/Rechts.

Es gibt genügend Naturkatastrophen, Krankheiten, Unfälle und andere Probleme, an denen wir ungewollt zu leiden haben. Arbeitslosigkeit ist jedoch ein Leiden, welches aus fehlgeleiteten Wirtschaftsstrukturen heraus entsteht. Wir können sie jederzeit bekämpfen, wenn wir die Ursache erkennen und benennen.

Ich möchte Ihnen über die Analyse von Fragen über die Uhrenzeit, das Geld und die Beherrschung des Raumes Hinweise geben, wo wir Verantwortung neu zuweisen könnten.

Ich würde mich für den glücklichsten Sterblichen halten, wenn ich die Menschen von ihren Vorurteilen befreien könnte.

Montesquieu (Charles L. de Secondat, 1689–1755)

Zeit ist nicht Geld
Zeit isst Geld – weil
Geld Zeit isst – über den Zins

Time is not Money
Time eats Money – because
Money eats Time – through interest

Ivo Muri, im Oktober 2004

Die Uhr – ein kreisrundes Metermass

Verwirrung herrscht, wenn Menschen über die Zeit sprechen. Hauptsächliche Ursache der Verwirrung ist die Sache mit der Uhr. Die Zeit der Uhren ist nämlich die Zeit der Physiker und nicht die Zeit des Lebens. Und trotzdem versuchen wir, mit den Uhren unser Leben zu strukturieren und uns mit anderen Menschen zu koordinieren. Wenn Physiker über die Zeit sprechen, tun sie so, als gäbe es nur die Uhrenzeit. Sie klammern die Zeit des Lebens aus ihrer Betrachtung aus. Die Griechen hingegen kannten verschiedene Zeiten und vor allem: den Zeitpunkt – den Kairos – und den Zeitverlauf – den Chronos.

Uhrenzeit ist relativ

Der Physiker sagt, Zeit sei relativ. Er schaut mit dem Fernrohr in den Makrokosmos und stellt fest, dass sich dieser ausdehnt. Er betrachtet den Planetenlauf, um die Zeit zu bestimmen. Er könnte jedoch genausogut mit dem Mikroskop in den Mikrokosmos schauen, um die Zeit zu suchen – er würde sie nicht finden.[1]

Zeit im Sinne der Uhrenzeit ist relativ. Sie ist per Definition nichts anderes als die Darstellung von Bewegung im Raum. Der Mensch bedient sich des Laufes des Planeten Erde um die eigene Achse, des Mondes und der Sonne, um die Uhrenzeit, den Monat und das Jahr zu definieren. Er glaubt, dass er sich damit in Raum und Zeit zurechtfindet. Was die Zeiger der Uhr anzeigen, ist jedoch nichts anderes als die Abstraktion der Drehung der Erde um die eigene Achse – also »Raum-Raum« und nicht »Raum-Zeit«. Durch diese Definition ist die Uhrenzeit nichts anderes als eine Wegstrecke (Chronos) – eine Distanz zwischen zwei Zeitpunkten (Kairos) – eine geografische Distanz – eine Abbildung von Punkten auf der rotierenden Erdkugel. Trotzdem ist die Uhr für den Menschen nützlich, um sich im Leben zurechtzufinden. Hat sich der Stundenzeiger zweimal um die eigene Achse gedreht, dann hat er ganz einfach eine ganze Erdumdrehung um die eigene Achse auf dem Zifferblatt abgebildet. Würde man den Lauf des Stundenzeigers auf einer Fläche wie eine Schnur abwickeln oder die Uhr in der Geschwindigkeit ihres Ablaufes auf einer Fläche abrollen lassen, so würde auf dieser Fläche eine Linie entstehen, welche vom Stundenzeiger immer am Mittag und um Mitternacht berührt wird.

---

[1] Die Physiker streiten 100 Jahre nach der Entdeckung der Relativitätstheorie noch immer über deren Auslegung. Wenn die jüngste Entdeckung stimmt, welche unter www.lichtgeschwindigkeit.com beschrieben ist, dann dürfte das Lehrgebäude der Physik auch zu Beginn des dritten Jahrtausends einmal mehr aus den Fugen geraten. Die Physiker mögen mir verzeihen, wenn ich den Menschen mit diesem Buch einen einfachen Zugang zu einem schwierigen Thema ermögliche. Die Diskussion der Physiker wird für die Lösung von Zeitproblemen der Menschen wenig hilfreich sein, so dass die formaltheoretische Unschärfe des hier dargestellten Zeitwissens für die Praxis des Lösens von Zeitproblemen nicht nur ein sinnvollerer, sondern der einzige Weg ist.

Kalendertage und Stundenstriche sind »das Metermass« auf dem Zeitstrahl der Uhrenzeit

Diese Linie ist nichts anderes als der Zeitstrahl, den wir uns vorstellen, wenn wir Termine und Zeitpunkte planen. Sie entspricht dem Kalender. Der gleiche Zeitstrahl würde entstehen, wenn wir die Erde beim Lauf um ihre eigene Achse auf der Ebene wie einen Ball abrollen würden. Diese Betrachtung macht deutlich, weshalb wir uns bei der Bezeichnung von geografischen Orten im Koordinatennetz der Einheiten Grad, Minute und Sekunde bedienen. Mit dem Aufkommen moderner Verkehrsmittel bewegten wir uns immer schneller auf der Erde. Deshalb mussten wir für immer mehr Erdoberfläche die gleiche Zeit definieren. Die 24 Zeitzonen entsprechen wieder als eigener geeichter Massstab den Stundenstrichen des Zifferblattes.

Dies macht einmal mehr deutlich: Uhrenzeit ist präzis das gleiche wie eine Distanz. Sie hat nichts zu tun mit Zeit. Sie stellt Raum dar. Die jüngsten technologischen Entwicklungen in der Telekommunikation führten zur Erfindung der Internetzeit. Die 24 Zeitzonen wurden dadurch auf eine einzige Zone – den ganzen Erdball – ausgedehnt.

Zwischen der Zeit der Uhren und der Zeit des Lebens besteht offensichtlich ein grosser Unterschied. Die Uhrenzeit ist nur ein Hilfsmittel, mit dem wir einen bestimmten Lebens- oder Naturzustand als Ereignis festhalten können.

Geschwindigkeit bezieht sich auf Weg – nicht auf Zeit

Wir können diese Tatsache noch klarer herausstellen, wenn wir statt über Distanzen und Uhrenzeit über Geschwindigkeit sprechen. Geschwindigkeit ist die Verbindung von Wegstrecke und Uhrenzeit. Wir sagen beispielsweise, ein Auto fahre mit einer Geschwindigkeit von 100 Kilometer pro Stunde. Wir könnten stattdessen sagen: Das Auto legt eine Distanz von 100 Kilometern zurück, während die Erde gleichzeitig eine Strecke von $1/24$ (eine Stunde) ihres Umfanges abrollt. Einmal mehr wird transparent, dass wir Wegstrecke mit Wegstrecke und nicht Wegstrecke mit Zeit vergleichen.

Geschwindigkeit ist also per Definition ein Vergleich von Wegstrecken im dreidimensionalen Raum und hat mit Zeit (der vierten Dimension) ebenfalls nichts zu tun.

Die Zeit als vierte Dimension existierte schon immer – bevor wir die Uhr erfanden

Als die Menschen weder Uhren noch Kalender kannten, stellten sie trotzdem fest, dass sie älter wurden. Sie kannten jedoch keine Geburtstage und wussten noch nicht, was ein Jahr ist. Sie stellten einfach fest, dass sich verschiedene Naturzustände in regelmässigen Abständen wiederholen. Diese Zeitzyklen der Natur wurden jedoch nicht an den Planetenbewegungen, sondern an ihrem Zustand durch die Wahrnehmung der Menschen erkannt. Zu wissen, was ein Jahr ist, wie lange genau es dauert und wie man es optimal bewirtschaften könnte, war für die Menschen nicht wichtig. Das Wachsen der Bäume und Menschen erkannte man daran, dass sie einfach physisch grösser wurden – knorriger in den Ästen und faltenreicher in der Haut.

Die Erfindung des kreisrunden Metermasses – der Uhrenzeit – erlaubte es jedoch, sich bei der Bewegung im Raum mit anderen Menschen und Lebewesen besser zu koordinieren.

Wie aus Zeit Geld wurde

Ein neues Zeitbewusstsein entstand, als die Menschen mit der Uhrenzeit in der Art zu rechnen begannen, wie sie mit Geld, Meter und Kilogramm rechneten. Dies war der Moment, als die Zeit über den Zins an das Geld gekoppelt wurde. Wir sagen seither, Zeit sei Geld. Wir würden jedoch besser sagen, Zeit sei Gold, weil sie so wertvoll geworden ist.

Zeit ist Geld in dem Sinne, als die Uhrenzeit mit Geld richtiggehend verheiratet wurde.

Zelebriert und ausgeführt wurde diese Hochzeit durch die Hohenpriester des Zinses. Durch den Zinsmechanismus wächst Geld kontinuierlich in der Geschwindigkeit, mit welcher sich die Erde um die eigene Achse dreht. Diese Art von Geldwachstum geschieht ohne jeden Bezug zur Natur. Geld wächst durch den Zins, ohne dass Geld selbst den Gegenwert erzeugt, der seinem Wert gegenübersteht. Denn es ist nicht möglich, dass Geld aus sich selbst heraus einen Mehrwert generieren kann. Nur Arbeit kann dies – oder allenfalls die Natur. Und trotzdem haben die Menschen gerade in jüngster Zeit immer mehr Institutionen und Mechanismen erfunden, welche es Menschen ermöglichen, reicher zu werden, indem sie aus Geld durch Spekulation noch mehr Geld machen. Wir nennen dies Kapitalismus!

Geld stellt das gesellschaftliche Recht dar, von Dritten Arbeitsleistung (Lebenszeit) oder Güter einzufordern. Es ist also nicht unerheblich, mit welchen Methoden es verdient wird. In einer demokratischen Gesellschaft müssten die einzelnen Methoden des Gelderwerbs einigermassen gerecht aufeinander abgestimmt sein. Das ist (war) auch die Idee der Liberalen (siehe Seite 25).

Alle Werte, die durch Arbeit erzeugt werden, werden durch den Zins und durch Spekulation abgeschöpft. Dies wird besonders deutlich bei Betrachtung der Zinseszinskurve. Durch den Zins hat Geld das Potenzial, sich unendlich aus sich selbst heraus zu vermehren, ohne einen Wert zu generieren – also krebsartig zu wachsen. Es überrascht deshalb nicht, dass einige Leute den Zinsmechanismus als Wucher bezeichnen.

Durch dieses nahezu unbegrenzte, über Zins und Zinseszins exponentiell (überproportional) zunehmende Wachstum ist auch die Wirtschaft – um nicht zu kollabieren – zu unbegrenztem Wachstum verdammt. Denn jeder Zinsfranken muss durch Arbeit am Markt zuerst verdient werden, um seinen Gegenwert (seine Kaufkraft) zu rechtfertigen.

Zins und Spekulation im Vergleich zum Getreidespeicher

In der christlichen Lehre gibt es die Parabel von den sieben fetten und den sieben mageren Jahren. Die Menschen erkannten, dass sie Naturgewalten weniger ausgeliefert sind, wenn sie ihre Lebensmittel haltbar machen und in Speichern einlagern. Die Idee des Warenspeichers war eine Art Bank, in welcher man die nicht direkt zum Verzehr gedachten Produktionsüberschüsse

(Gewinne) zurücklegt, um dann in schlechteren Zeiten von diesen zu zehren. Als die Menschen die Tauschwirtschaft durch die Geldwirtschaft ersetzten, begannen sie statt Waren auch Geld in einen Speicher zu legen. Damit Geld in Umlauf bleibt und nicht bei jedem einzelnen zu Hause im Sparstrumpf aufbewahrt wird, wurde die Bank erfunden. Die Bank stellt also eine Art Nachfolgeinstitution der öffentlichen Getreidespeicher dar.

Aufgrund des Zinses kann das Geld innerhalb des Getreidespeichers (der Bank) weiter wachsen. Was beim Getreide nicht möglich war, ist jetzt durch Geld möglich. Dies zeigt den Akt der Alchemie[2], der durch die Zinswirtschaft entsteht. Es wäre nicht so schlimm, dass Geld im Getreidespeicher wächst (wuchert), wenn man dieses Geld (wie Getreide) essen könnte. Dritte müssen jedoch zuerst arbeiten, damit das durch Zins gewachsene Geld essbar oder am Markt tauschbar wird!

Zusätzlich zum Zins haben wir noch die Spekulation erfunden, damit Menschen ohne Arbeit reicher werden. Bei Spekulation aller Art wird gleichsam mit Getreidespeichern spekuliert. Im Aktienhandel wird mit dem Getreidespeicher von Firmen gehandelt (Arbeitsplätze), im Devisenhandel mit dem Getreidespeicher von Völkern (Volkswirtschaften) und im Rohstoffhandel mit dem einzelnen Rohstoff (z. B. Erdöl). Immer wieder spricht man davon, dass dabei Werte generiert oder gar vernichtet werden. Weder generiert noch zerstört das Spekulieren jedoch Werte. Es schichtet lediglich Vermögen um. Wer einen Geldspeicher oder einen Anteil daran verkauft, verkauft diesen

[2] Seit den Ägyptern versuchen Menschen (Alchemisten), durch eine Art chemischen Prozess Materie (Gold) künstlich herzustellen.

Anteil an jemanden, der den Geldspeicheranteil gekauft hat. Spekulation an Börsen aller Art ist nicht dazu gedacht, Firmen Geld zur Verfügung zu stellen. Das Geld, welches in den Kreislauf der Spekulation fliesst, strömt nicht in die Firmenkassen oder den Wertschöpfungskreislauf. Die Geldspeicher werden lediglich von einer Hand zur anderen geschoben. Das Geld wechselt einfach von einem Spekulanten zum nächsten. Was der eine an Kapital verliert, das wird von einem anderen abgeschöpft (Casino-Kapitalismus).

Dies macht klar, weshalb man bei Bankgeschäften durch derivative Instrumente, Spekulation oder Zins nicht von Wertschöpfung sprechen kann. Immer wenn durch Zins oder Spekulation aus Geld mehr Geld gemacht wird, wird der Mehrwert abgeschöpft. Die Abschöpfung erfolgt entweder aus dem Vermögen eines anderen Spekulanten (bei Börsenhandel, Devisenhandel oder Rohstoffhandel) oder durch den Zins auf das Kapital. Im letzteren Fall muss der Mehrwert durch Arbeit aus dem Wertschöpfungsprozess bzw. durch das Erzeugen eines Produktes oder einer Dienstleistung produziert werden. Diese Tatsache ist besonders problematisch, wenn wir unsere Versicherungsgesellschaften (Getreidespeicher) zwingen, mit Spekulation und Zins aus sich selbst heraus zu wachsen. Irgendwelche Menschen (in der Regel kommende Generationen) werden die Zeche bezahlen oder abarbeiten müssen.

In Analogie zur Gleichung »Zeit ist Geld« könnten wir sagen »Geld frisst Zeit«: Durch den Zins sind wir gezwungen, immer mehr unserer Lebenszeit dem Erarbeiten von Geld (Zins) zu widmen. Die Erfindung des Zinses kommt der Erfindung des Katalysators gleich, welcher zum ersten Mal den Akt der Alchemie ermöglichte. Jetzt kann Geld verwendet werden im

Austausch gegen Erdöl, Kohle und andere Rohmaterialien, ohne dass das Geld zuerst durch Arbeit verdient werden muss.

Geldwirtschaft hat die Alchemie abgelöst

Seit der Zeit der Ägypter haben Menschen versucht, künstlich Gold herzustellen. Die Idee war die gleiche wie bei Spekulation und Zins: Durch künstlich hergestelltes Gold wollte man Geld verdienen, ohne dafür arbeiten (wirtschaften) zu müssen. Menschen, welche dies versuchten, nannte man Alchemisten, weil sie eine Art chemischen Prozess zur Herstellung von Gold anwendeten. In seinem Buch *Geld und Magie* erbringt Volkswirtschafter Hans Christoph Binswanger den überzeugenden Beweis, dass die Alchemisten mit dem Versuch, künstliches Gold herzustellen, aufgehört haben, weil sie im Drucken von Notengeld einen viel einfacheren Weg gefunden haben, den gleichen Zweck zu erreichen – und erst noch mit viel weniger Mühe.[3]

Binswangers Analyse bezieht sich weitgehend auf Goethes *Faust*. Durch die Geldwirtschaft hat sich der Wirtschaftsbegriff von der ursprünglichen Subsistenzwirtschaft (Tauschwirtschaft) zu einem alchemistischen System entwickelt, das auf unbegrenztem Wachstum basiert und die Menschen in unendliche Abhängigkeit gebracht hat. Der Zwang zum Wirtschaften und Gewinnmaximieren (Profitieren) hat den eigentlichen Sinn des Wirtschaftens (das Nutzenstiften) pervertiert. Wer über die Al-

[3] Zitat nach Hans-Christoph Binswanger: »Das Scheitern der Alchemie liegt in ihrem Gelingen.«

chemie des Geldes herrscht, herrscht über die Zeit. Sein Kapital wuchert durch Zins und Spekulation weit über das eigene Leben hinaus weiter!

Hätten wir den Neoliberalismus der 90er Jahre nicht erlebt, würden wir die Aussagen von Binswanger möglicherweise nicht ganz verstehen. Durch die aktuellen wirtschaftspolitischen und sozialpolitischen Diskussionen um unsere Wirtschaft sowie um die Frage der Privatisierung und der Marktwirtschaft dringen Binswangers Worte tief ein. Sie schärfen unser Bewusstsein und hoffentlich auch jenes unserer Politiker, welche die Regeln für unsere »liberale« Wirtschaft in Gesetzen festlegen müssen. Der Kapitalismus ist keine Frage von Staat oder Markt. Ohne klare auf Ethik und Demokratie basierende Regeln und ohne demokratische Kontrolle über unser Geldsystem lässt er sich nicht zivilisieren. Wer kraft Gesetz oder Marktmacht Geldströme automatisch an sich bindet (Monopole, Oligopole, Zinsen, Versicherungsprämien, Leasing, Staatsregale, Steuern, Kreditkartengebühren etc.) oder die Gewalt über das Notenmonopol besitzt, der trägt hohe soziale Verantwortung und hat sich an klare Regeln zu halten. Insbesondere haben sich private und öffentliche Institutionen dieser Kategorie (Banken und Versicherungen) nicht in den Wettbewerb jener Menschen einzumischen, welche ihr Einkommen aus dem Prinzip des Nutzenstiftens am Güter- und Dienstleistungsmarkt erzielen müssen.

Wer das Recht hat, Geld zu drucken, oder viel Kapital besitzt, kann sein Geld durch Zins und Spekulation reproduzieren, so als ob er »gottähnlich« Rohstoffe (Materie) herstellen würde.

Zins: ein privater Zehnten – eine private Steuer

Für die Kapitalbesitzer stellt der Zins eine Art private Steuer dar, die sie erheben dürfen. So wie damals im Mittelalter die Grundbesitzer von den Bauern den zehnten Teil (10%) der Ernte einforderten – also ein Zehntel des natürlichen Pflanzenwachstums –, wird heute über den Zins eine Art private Steuer auf den durch Arbeit erzeugten Wert erhoben. Zins ist demnach eine private Steuer auf das Wachstum von Geld durch Arbeit. Dies zeigt erneut den Akt der Alchemie: Geld wächst durch den Zins wie die Pflanzen in der Natur. Der Wortstamm »Zins«, welcher nichts anderes als »Zehnten« bedeutet, unterstreicht den »Steuercharakter« des Zinses überaus deutlich.

Es gibt einen wichtigen Unterschied zwischen dem Zins als privater Steuer und denjenigen Steuern und Abgaben, welche der Bürger an den demokratischen Rechtsstaat abliefern muss:

Der Staat muss seinen »Zehnten« für öffentliche Aufgaben und zur Wohlfahrt der Menschen einsetzen. Der private Zehnten (der Zins) wird ohne jede Verpflichtung erhoben. Durch die zunehmende Staatsverschuldung ist der Staat selbst gezwungen, einen zunehmend grösseren Teil seiner Steuereinnahmen in Form von Zinsen an private Steuerneintreiber direkt wieder auszuzahlen. Dadurch erheben heute private Personen und Institutionen Steuern beim demokratischen Rechtsstaat, anstatt dass der Staat bei diesen Privatpersonen und Kapitalbesitzern Steuern eintreibt.

Die Auswirkungen dieses Vorgangs sind in einer globalisierten Wirtschaft dramatisch. Die Staaten Europas verarmen und können sich der Arbeitslosigkeit nicht mehr erwehren, derweil immer mehr Kapital in entfernte Volkswirtschaften – beispielsweise nach China – fliesst. In drastischer Form haben wir diesen Mechanismus bereits vor Jahren in der Asienkrise und beim jüngsten Kollaps der argentinischen Wirtschaft erlebt.[4] Niemand wollte damals glauben, dass ein ähnlicher Kollaps auch Deutschland und anderen europäischen Ländern drohen könnte.

Ein wichtiger Fehler aus den 70er Jahren schlägt heute mit voller Wucht auf die Länder Europas zurück.

Das Recht auf Arbeit ist nicht das gleiche wie das Recht auf Arbeitslosigkeit

Mitte der 70er Jahre (in der Schweiz im Jahre 1976) haben wir aus dem UNO-Menschenrecht auf Arbeit ein Recht auf Arbeitslosigkeit gemacht. Das Recht auf Arbeitslosigkeit betrifft Arbeitnehmer und Arbeitgeber gleichermassen. In einer geldbasierten und zinsbasierten Wirtschaft bedeutet das Recht auf Arbeitslosigkeit für Schuldner und wenig kapitalisierte Kleinunternehmer und ihre Angestellten gleichsam das Recht auf Konkurs und Verlust der wirtschaftlichen Existenz in der Wirtschaftskrise. Diese Zerstörung der kleinen Existenzen durch den Kapitalismus haben wir in der Geschichte der Menschheit immer wieder erlebt. Immer wieder haben intelligente Menschen auch vor den Auswüchsen des Kapitalismus gewarnt.

In seinem Buch *Drift and Mastery* (1914) schrieb der amerikanische Journalist Walter Lippmann am Vorabend des ersten

---

[4] Beachten Sie hierzu den eindrücklichen Film *Memoria del Saqueo – Chronik einer Plünderung* von Fernando Solana (Argentinien 2004)

Weltkrieges, jeder kenne die Übel des Kapitalismus: den Untergang der kleinen Firmen, das Ende einer Regierung im Namen des öffentlichen Interesses, das Elend der Arbeiterklasse. Das Problem der Reformbestrebungen sei, dass die Vertreter der Opposition zwar wissen, wogegen sie sind, jedoch nicht, wofür.[5]

Die Schweiz – das einzige UNO-Mitglied mit direkter Demokratie – hätte allerdings die besten Möglichkeiten, ihren Bürgern und Bürgerinnen zu erklären, wofür sie sich einsetzen sollten: für die Erhaltung der direkten Demokratie und den Vorrang der Politik vor der Wirtschaft (Primat der Politik vor der Wirtschaft). Was nämlich in der Schweiz, wie auch im übrigen Europa, Ende der 90er Jahre mit den Privatisierungen eingeführt wurde, ist ein globales Feudalsystem. Der Demos (das Volk) hat seine Staatsgewalt an Private übertragen (Privatisierungen) und damit die Strukturen der direkten Demokratie abgeschafft.

Die Geldspeicher der einzelnen Nationen werden heute elektronisch auf Computern von privaten Grossbanken zentral geführt. Ist es klug, wenn wir unsere (virtuellen) Getreidespeicher (Geldspeicher) zentralistisch durch Private verwalten lassen?

Die Idee des freien Marktes hat schon 1850, 1914 und 1929 zu einer Weltwirtschaftskrise geführt. Aus diesen Krisen ist 1850 der Kommunismus erwachsen, 1914 der erste und 1929 der zweite Weltkrieg. Immer deutlicher zeichnet sich ab, dass auch

---

[5] So zitiert Richard Sennett Lippmann in seinem Buch *Der flexible Mensch,* 2000, S. 160f.

der jüngst inszenierte »Krieg gegen den Terror« nichts anderes als die Antwort der Mächtigen ist, einmal mehr durch Aufrüstung, Krieg und neue Feindbilder eine Weltwirtschaftskrise zu bekämpfen.

Analysieren wir die Idee des Liberalismus, stellen wir nämlich leicht fest, dass seine Ziele nicht erreicht sind. In der Zeitschrift *Weltwoche,* Ausgabe Nr. 38/04, Seite 66, wird die Idee des Liberalismus wie folgt beschrieben:

> *Liberale wünschen sich für die Gesellschaft Spielregeln, welche so gerecht wie möglich sind. Sie lassen aber zu, dass die Vergütung der Einen und Anderen mit Status, Einkommen, Ansehen oder Einfluss schwankt und dass Einzelne im Markt der Fähigkeiten und Eignungen mehr Erfolg haben als andere. Im Ideal anerkennen sie die Ungleichheit; die Gemässigteren unter ihnen möchten aber, dass diese, soweit möglich, zweckdienlich, das heisst gerechtfertigt ist.*

Jedem Schweizer, der 40 Lebensjahre überblicken kann, ist bewusst, dass unsere 150 Jahre gelebte direkte Demokratie nicht eine Gleichheit nach kommunistischem Vorbild hervorgebracht hat. Wir erkennen jedoch auch: Leistungsgerechtigkeit führte vor zehn Jahren noch automatisch zum Erfolg. Heute driften wir hingegen immer mehr in eine Zweiklassengesellschaft mit zerstörtem Mittelstand und einer grossen Armutsschicht hinein. Wenn wir mit liberaler Gesinnung nach einem System suchen, das wie oben beschrieben »so gerecht wie möglich« ist, dürfen wir gewiss feststellen, dass wir ohne privatisierte Staatsregale wesentlich besser gefahren sind. Vor allem können wir erkennen, dass die Demokratie – als Generationenvertrag gedacht – Regeln braucht, wie künftige Generationen sich eine Existenz aufbauen können.

Unsere Demokratie war nicht gleichmacherisch im Sinne des Kommunismus. Sie war aber auch nicht ungleichmacherisch wie der Kapitalismus. Es war schlicht die direkte Demokratie als bester Zwischenweg zwischen diesen beiden Extremen.

Heute scheinen jene, die sich als liberal bezeichnen, unter Liberalismus zunehmend das zu verstehen, was eigentlich Feudalismus ist. Ganz im Sinne der katholischen Kirche, welche in der Sozialenzyklika *Rerum Novarum* von 1891 Folgendes ausführt:

> *Arbeit ist für immer mehr Menschen leider unumgänglicher Makel der Erbsünde, arbeitsloses Einkommen aus Grundbesitz und Kapital kann wenigstens einige [eine feudalistische Elite] von dieser Erbsünden-Last befreien ...*[6]

Auch die katholische Kirche scheint also 1891 allen Ernstes Feudalismus statt Demokratie propagiert zu haben. Interessant ist, dass die katholische Kirche das Zinseinkommen selbst als

---

[6] Die katholische Kirche hat offenbar nicht nur in der Arbeit, sondern auch in der Sexualität und der Zeugung von Nachwuchs eine Erbsünde geortet. Die Erbsünde der Arbeit und der Sexualität sind aus Sicht der Kirche offenbar eine tiefe Schuld der Menschen gegenüber der Schöpfung. Frauen mussten im Kanton Luzern bis in die 60er Jahre des letzten Jahrhunderts nach der Geburt eines Kindes ihre Scheide aussegnen lassen, um sich vom Makel der sexuellen Erbsünde zu entlasten, wie Christina Niederer, Katharina Spring und Jutta Vogel in ihrem Buch *Frauenleben im letzten Jahrhundert: 15 Porträts aus dem Kanton Luzern* beschreiben.

»arbeitsloses« Einkommen deklariert. Sie anerkennt also, dass die Kapitalbesitzer durch den Zins Geld verdienen, ohne zu arbeiten. Die Schweizer Kantonalbanken sind sich dessen offenbar nicht bewusst. Sie werben mit dem Slogan: »Bei uns muss Ihr Geld arbeiten.« Sie haben offensichtlich vergessen, dass nur Menschen arbeiten können – und wer aus Geld durch Zins noch mehr Geld macht, der erzielt »arbeitsloses« Einkommen!

In einer kapitalistischen Gesellschaft zwingt der Geldmechanismus Menschen durch Zins und Zinseszins zu noch schnellerem Rennen. Wer nicht rennt, fällt aus dem Rennen. Während der einzelne Kapitalbesitzer gemäss geltendem Recht seinen Anspruch auf Zins und Rückzahlung seines Kapitals einfordert, muss der im Wettbewerb stehende Unternehmer mit seinen Angestellten für weniger Geld immer mehr leisten.[7]

Dadurch schlägt der Akt der Alchemie des Geldes in seiner massivsten Form zurück. Er bedroht Menschen in ihrem Überleben, als wären Naturgewalten am Wirken. Die Geister, die wir riefen – wir werden sie nicht mehr los.

Immer mehr Gruppierungen von christlichen Unternehmervereinigungen, aber auch Parteien, welche sich auf den christlichen Glauben berufen, beginnen diese Mechanismen zu durchschauen. Sie forschen nach, wie es kommen konnte, dass in den vergangenen Jahrhunderten das Zinsverbot der Bibel nicht mehr beachtet wurde (siehe Internetadressen im Literaturverzeichnis).

Wie obenstehende Analyse aufzeigt, muss man nicht gläubiger Christ sein, um den Sinn des Zinsverbotes zu verstehen.

---

[7] Karl Marx: *Das Kapital,* Seite 65 in diesem Buch.

Wer an eine faire Form des Wirtschaftens glaubt, welche kommenden Generationen den Zugang zur Gesellschaft und damit zum Geld ermöglichen soll, der kann leicht erkennen, dass der Zinsmechanismus für eine Demokratie und einen Generationenvertrag (Staatsverfassung/Bundesverfassung) nicht taugt. Wer arm zur Welt kommt, wird durch den Zins zum s(k)lavischen Diener der Erben von Kapitalbesitzern. Um dies zu verhindern, haben wir in der Schweiz vor 150 Jahren Staatsbanken (Kantonalbanken) gegründet!

Braucht es denn überhaupt noch Banken und Versicherungen, wenn der Getreidespeicher (das Bankkonto) nicht mehr verzinst ist?

Ja, es braucht die Banken noch. Denn der Getreidespeicher muss auch in einem zinsfreien Geldsystem geführt und unterhalten werden. Bankangestellte haben sich jedoch als Verwalter von Getreidespeichern an staatsrechtliche Regeln zu halten. Sie sind Diener der Volkswirtschaft – deshalb nannten wir sie früher Bankbeamte. Genauso wie wir auch die Angestellten von Versicherungen als Versicherungsbeamte bezeichneten – mit gutem Grund, den wir heute offenbar vergessen haben. Dass eine Bank nichts anderes ist als ein Getreidespeicher, in welchem die abgeschöpften Ernteüberschüsse (Gewinne) aufbewahrt werden, kann man auch daran erkennen, dass gerade ausgangs des 20. Jahrhunderts Dutzende von grossen Versicherungsgesellschaften mit Banken fusionierten. Die Versicherungsgesellschaften wurden sich bewusst, dass sie nichts anderes als Banken sind – Institutionen also, welche abgeschöpftes und dem Wirtschaftskreislauf entnommenes Geld verwalten und mit einer möglichst guten Rendite anlegen möchten.

Die Idee der schweizerischen AHV (Umlageverfahren) entspricht der Idee des Kornspeichers, der von Generation zu Generation gefüllt wird. Die Idee der 2. Säule (BVG) ist die Idee des Geldspeichers, der, ohne zu arbeiten, weiter wächst (Kapitalbildungsverfahren durch Zins und Spekulation). Während der Berufstätigkeit legen Arbeitende einen Teil ihres Einkommens in den Getreidespeicher (Bank, Versicherungskonto), um von diesem dann zu leben, wenn sie das Erwerbsleben aufgeben.

Dass nun aber Banken und Versicherungen durch Zins und Spekulation die Getreidespeicher immer mehr füllen, ihren Angestellten immer bessere Löhne entrichten und auch ihren Aktionären mit riesigen Gewinnen immer höhere Dividenden auszahlen – das konnte wie immer in der Geschichte der Menschheit nicht gut kommen. Jeder Franken, welcher von Getreidespeichern (Banken und Versicherungen) aus dem Wirtschaftskreislauf aufgesaugt wird, musste zuerst irgendwo wertgeschöpft (erarbeitet) werden. Durch Zins und Spekulation sind also die Getreidespeicher überdurchschnittlich gewachsen, und die arbeitsabhängige jüngere Generation konnte die zunehmenden Zinsen nicht mehr finanzieren. Das Problem der Altersvorsorge liegt also demnach nicht bei der AHV, sondern es liegt beim Zinsmechanismus des BVG – der 2. Säule!

Das durch Spekulation abgeschöpfte, fehlende Geld führt zu Arbeitslosigkeit, und die (noch) arbeitende Bevölkerung arbeitet seit 1976 für alle anderen mit: sie erwirtschaftet Zinsen, Gebühren, Steuern, Versicherungsprämien usw.

Würden Banken und Versicherungen jedoch als Geldspeicher amten – wie früher die Getreidespeicher –, also ihr Getreide (Geld) nicht weiter durch Absitzen von Zeit über den Zins wuchern (wachsen) lassen, und wären Banken und Versicherungen staatlich organisiert, dann könnten Banken und Versicherungen nicht Konkurs gehen. Basel II (eine neue europäische Richtlinie für die Vergabe von Krediten, welche den KMU den Zugang zum Geld erschwert) wäre unnötig, weil es keine Kreditrisiken mehr gäbe. Man könnte mit diesen Getreidespeichern nicht mehr spekulieren, und die Rentner müssten nicht mehr um ihre Pension bangen. Aber auch die jungen Menschen hätten einen Vorteil. Durch kontinuierliche Arbeit könnten sie die Getreidespeicher füllen und wären sich sicher, dass auch sie im Alter von diesen Speichern noch zehren können. Es gibt genug zu essen für alle – wenn wir es richtig verteilen!*

Es sind also die Spekulation und der Zinsmechanismus, welche in regelmässigen Zyklen die arbeitenden Menschen aller Klassen, aller Regionen und aller Alterskategorien bedrohen.

Wer für einen Generationenvertrag (Demokratie) ist, der muss gegen Zins und Spekulation sein. Dann kriegt die Arbeit wieder den Stellenwert, den sie verdient, und die Steuerlast wird sinken – gemeinsam mit den sozialen Kosten und den Polizei- und Militärausgaben. Denn wozu sollten Menschen stehlen, einbrechen, flüchten oder andere Länder erobern, wenn sie sich in ihrem eigenen Land wohl fühlen?

---

* Jean Ziegler – UNO Sonderberichterstatter für das Recht auf Nahrung – sagt es deutlich: »Wer heute [2004 n. Chr.] an Hunger stirbt, der wird ermordet, weil ihm der Zugang zur Nahrung bewusst oder unbewusst abgeschnitten wird. Unsere Landwirtschaft kann heute problemlos 12 Milliarden Menschen ernähren. Das sind rund doppelt so viele, wie heute leben.«

Die Menschen täten also gut daran, die Banken und Versicherungen nicht mehr durch Spekulation zu missbrauchen und diese Institutionen wieder in jenem Sinne zu verwenden, aus dem sie erfunden wurden: als Getreidespeicher, in welchem Vorräte eingelagert werden, als Vorsorge für schlechtere Zeiten. Banken haben seit Jahrhunderten nur einen Auftrag. Sie müssen das Geld zu jenen Menschen bringen, welche wirtschaftlich tätig sein (arbeiten) wollen und müssen. Noch nie mussten sie – wie in jüngster Zeit propagiert – Gewinne oder gar Managerlöhne maximieren!

Durch den Zins muss die Wirtschaft unendlich wachsen

Wie wir gesehen haben, beginnt der Geldspeicher (die Bank) aus sich selbst heraus zu wachsen. Diesem Geldwachstum muss automatisch ein Wachstum des Sozialproduktes (der Wertschöpfung) gegenüberstehen. Würde der Zins erhoben, ohne dass der zunehmenden Geldmenge eine Wertschöpfung gegenübersteht, würde Inflation (Teuerung) eintreten – der Wert des Kapitals würde sinken. Dies will natürlich niemand, der sein Geld durch Wertschöpfung im Güter- und Dienstleistungsmarkt hart verdient hat. Der Zwang zum generellen und unbegrenzten Wirtschaftswachstum entspringt also dem Zinsmechanismus und hat keine natürliche Ursache!

Unseren Grossvätern war noch sehr klar bewusst, dass sämtliche Mechanismen der Wirtschaft vom Menschen geregelt werden. So steht im deutschen Grundgesetz sinngemäss: »Der Besitz von Kapital verpflichtet. Kapital ist gesellschaftlich gut anzulegen.« Bis zur Einführung der Arbeitslosenversicherung waren die Kapitalbesitzer per Gesetz verpflichtet, ihr Kapital im Umlauf zu halten, damit keine Wirtschaftskrise – keine Arbeitslosigkeit – entsteht. Herrscht nämlich Arbeitslosigkeit, fehlt es nicht an Arbeit – wie alle heute noch Arbeitenden problemlos feststellen können –, sondern es fehlt an Kapital. Arbeitslosigkeit müsste deshalb eigentlich Geldlosigkeit heissen. Mit fehlender Arbeit hat sie nichts zu tun.

Seit den 70er Jahren hat der Staat die Macht über das Geldsystem schleichend an Private abgegeben: Der Zehnten wurde durch private Zinsen, Leasing, Prämien und Abgaben privatisiert. Auch in der Schweiz war man sich dieser Tatsache bewusst. Lesen Sie, was Leo Schürmann 1976 als Vizedirektor der Schweizerischen Nationalbank im Interview mit Charles Clerc über die Politik und die Demokratie in unserem Land – es ging um das Thema Demokratie und Freiheit im Vergleich zu Staaten des Ostblocks – gesagt hat:

> *In der Schweiz sind wir natürlich frei. Die Frage ist jedoch, ob man wirklich immer alles so offen sagen kann, was man denkt. Wir haben so eine Art Konformismus, welcher ein wenig ein nationales Übel ist. Alles ist auf einem gewissen Niveau. Sobald jemand etwas sagt, das etwas daneben [neben dieser Meinung] ist, dann ist er schon ein wenig in Verdacht, dass er eben nicht mehr ein solcher Konformist ist.*
>
> *Es ist etwas ausserordentlich Heilsames, in der Schweiz ein Konformist zu sein. Da läuft man sicher. Der Herr von Salis hat am Radio gesagt, es gäbe eine Art Oligarchie der politischen Parteien in der Schweiz, und man könne ja gar nicht mehr so richtig die Wahrheit sagen. Das ist eine Gefahr für unsere Entwicklung.*

Ich kann Herrn von Salis bestätigen – als Insider und ehemaliger Politiker –, dass dies irgendwie auch stimmt. Eine Oligarchie ist ja eine Art Herrschaft der Herrschenden, welche so eine Art Wahrheit verkünden, deren Pfad man nicht verlassen darf [um eben konformistisch mit dem System zu sein].

Kürzlich hat jemand in der Schweiz gewagt, öffentlich zu sagen, es gäbe keine Arbeitslosigkeit, wenn die politisch Herrschenden diese nicht wollen.

Diese Aussage wurde ihm ausserordentlich schwer angelastet. Er hat damit etwas gesagt, das nicht auf der Linie der Oligarchie war. Es ist also heute [1976] in der Schweiz nicht ganz ungefährlich, so etwas zu sagen. Man kann gesellschaftlich beinahe zwischen Stuhl und Bank fallen. Ich bin als CVP-Politiker [konservativ] auch konservativ denkend gewesen, aber eben sicher auch nonkonformistisch, und das hat mir auch geschadet. Man muss halt in der Politik auch etwas auf der Linie der Partei laufen [im Pferch], das ist etwas zuverlässiger, dann kommt man auch ans Ziel. Ich verstehe mich als liberal-konservativ. Ich schätze die bestehenden Strukturen und Werte in diesem Land, will diese Dinge aber weiterentwickeln. Ich bin sehr liberal und tolerant. Man verträgt in diesem Land leider oft schlecht andere Meinungen. Es fehlt manchmal etwas an der Toleranz in diesem Land. Die jungen Politiker werden vom Establishment zunächst etwas springen gelassen, aber mit der Zeit werden sie vom Establishment in Zucht und Ordnung genommen.

1976 war das schweizerische Geldsystem noch – wie von Gottfried Keller in Zürich um 1850 vorgeschlagen – staatlich über

Kantonalbanken organisiert. Diese Staatsbanken hatten seit Generationen den gesetzlichen Auftrag, für eine gute Geldverteilung (geringes Sozialgefälle, geografisch, soziografisch, demografisch) und eine stabile Konjunktur zu sorgen.

Das vielzitierte Wirtschaftswunder in Deutschland – nach dem zweiten Weltkrieg – basierte auf der gleichen Struktur des Geldsystems, welches die Schweizer ab 1850 für sich schufen. Die deutschen Bundesländer und ihre Landesbanken hatten den gleichen Auftrag wie die Kantone mit den Kantonalbanken in der Schweiz: sie hatten für eine gute regionale Verteilung von Einkommen und Kapital zu sorgen und die regionalen Volkswirtschaften ausgeglichen mit Kapital zu versorgen. Geld ist wie Wasser und wird zur Lebensbedrohung, wenn es fehlt – dessen war man sich seit 1850 bewusst. Lesen Sie dazu ein Zitat von Gottfried Keller aus Zürich:

> *Wir brauchen diese Staatsbank, um den Wucher [Zins] zu bekämpfen, den Privatbanken heilsame Konkurrenz entgegenzustellen und den mittleren und kleineren Gewerbestand vor der Ausbeutung durch die in erster Linie auf eigenen Nutzen [Gewinne und Managerlöhne maximieren] bedachten Privatbanken zu schützen.*

GOTTFRIED KELLER,
zur Gründung der Zürcher Kantonalbank, um 1850

Gottfried Keller hätte diesen Satz auch 2004 geschrieben haben können – inhaltlich hat sich bis heute nichts geändert. Privatbanken müssen schon per Definition für sich selbst sorgen, so dass sie unmöglich den öffentlichen Auftrag wahrnehmen können, den Menschen seit Alters her ihren Staatsbanken (Getreidespeichern) gegeben haben. Wer Staatsbanken abschafft, nimmt also in Kauf, dass in diesem Staatsgebiet ganze Regionen und Branchen geldmässig trockengelegt werden – wie dies heute auch tatsächlich der Fall ist.

Der Staat kann heute nicht mehr antizyklisch handeln – die Demokratie hat ihre Machtmittel verloren

Aus diesem – heute vergessenen – Zusammenhang heraus verlangen gewisse Politiker, dass der Staat sein Geld antizyklisch ausgeben solle – also Investitionen vor allem in wirtschaftlich schwierigen Zeiten tätigen dürfe. Das kann der demokratische Rechtsstaat in der Schweiz und im übrigen Europa heute leider nicht mehr:

1. Weil durch die Einführung der Arbeitslosenversicherung die Kapitalbesitzer aus ihrer Verantwortung entlassen wurden (siehe Zitat Hayek Seite 8), übernehmen heute die arbeitende Bevölkerung und die kapitalschwachen KMU-Unternehmungen gemeinsam mit dem Staat die Verantwortung für Arbeitslosigkeit und andere Sozialprobleme. Da die Kosten für Arbeitslose, psychisch Kranke und Familien gerade in der aktuellen Welle der Globalisierung sehr hoch sind, verlieren Kleinunternehmer in der Wirtschaftskrise ihr Vermögen. Die Staaten werden in eine Schuldenfalle getrieben. Davon profitieren die Kapitalbesitzer, welche mit ihrem Kapital in Steuerparadiese flüchten. Daraus wurde ein jahrzehntelanger Klassenkampf von Arbeitgebern gegen Arbeitnehmer geschürt. Die Kapitalbesitzer, welche von Spekula-

tion und Zins auf wachsendem Kapital lebten, hielten sich bedeckt im Hintergrund oder heizten gar den Arbeitskampf (Arbeitgeber gegen Arbeitnehmer) durch ihre Parolen an. So gibt es heute Geldüberschwemmung auf Jersey und den Bermudas, während die lokalen Demokratien verarmen – oder aufgekauft werden.

2. Das Geldwesen ist heute weitgehend privat organisiert. Sogar die US-Notenbank ist seit Generationen in Privatbesitz – genau gleich wie seit neustem die Landesbanken in Deutschland und die Kantonalbanken in der Schweiz. John F. Kennedy setzte sich Anfang der 60er Jahre dafür ein, dass die US-Notenbank verstaatlicht würde. Er bedauerte, dass durch den nach dem zweiten Weltkrieg etablierten Goldstandard die Waffenindustrie gleichsam das Recht erhielt, Geld zu drucken. Waffenlieferungen erfolgten vor Ende des 2. Weltkriegs nur noch gegen Gold, so dass die Waffenindustrie Besitzerin des Goldes weltweit war – und mit dem Goldstandard das Recht zum Drucken von Geld erhielt. Kein Wunder also, hatten alle Staaten im Kalten Krieg trotz Armut genügend Kapital zum Aufrüsten. Wie problematisch die Verflechtung der privaten Rüstungsindustrie mit »demokratischen« Regierungen bis heute ist, zeigten die jüngsten Enthüllungen und Skandale rund um den Irakkrieg.

3. Die demokratischen Rechtsstaaten können ihre Steuern nicht mehr erhöhen. Immer mehr bezahlen sie selbst obligatorische Abgaben (Zinsen und Versicherungsprämien) an private Banken und Versicherungen und neu auch an privatisierte Staatsregale wie Post, Swisscom, SBB. Aber auch die einzel-

nen Bürger erdulden heute eine gewaltige Zins-, Prämien- und Steuerlast (Working poor liefern heute 100% ihres Einkommens als obligatorische Abgaben an private und staatliche Institutionen ab). Für den einzelnen Bürger ist es einerlei, ob er obligatorische Abgaben in Form von Bankzinsen, Mietzinsen, Versicherungsprämien oder Steuern leisten muss. Heute muss er von seinem Einkommen (Wertschöpfung) einen zunehmend grösseren Betrag (Bankzinsen, Versicherungsprämien, Parkgebühren usw.) an private Institutionen abliefern, so dass der Staat unmöglich auch noch die Steuern erhöhen kann. Jüngst haben ja die privaten Versicherungen die Leistungen der obligatorischen Altersvorsorge (2. Säule/BVG) gesenkt und die Prämien erhöht. Unsere privatisierten (privatus = der Herrschaft der Demokratie entzogen) Getreidespeicherverwalter haben damit etwas getan, das kein Unternehmer tun kann, der im Wettbewerb steht!! Die gleichen Kreise verlangen von den Kleinunternehmern noch mehr Wettbewerb.

Wozu dies führt, hat der Franzose Montesquieu präzis analysiert: Es muss zu Volksaufständen kommen, wie wir sie jüngst in Argentinien erlebt haben.

Montesquieu schrieb 1750 – im Vorfeld der Französischen Revolution:

Über Steuererhebung und Ausmaß
der Staatsausgaben in ihrem Bezug zur Freiheit

Bezug der Steuerhöhe zur Freiheit
Allgemeine Regel: Höhere Steuern können proportional zur Freiheit der Untertanen erhoben werden. In dem Maße, wie

die Knechtung wächst, ist man gezwungen, sie zu ermässigen. So ist es stets gewesen, und so wird es immer sein. Diese Regel ergibt sich aus der Natur, die unabänderlich ist. Sie gilt für alle Länder, für England, Holland, für alle Staaten bis hin zur Türkei, in denen die Freiheit gradweise immer mehr abnimmt. Die Schweiz scheint davon abzuweichen, denn dort bezahlt man keine Steuern, doch ist der besondere Grund bekannt, und er bestätigt geradezu das Gesagte. In diesen unfruchtbaren Gebirgsgegenden sind Lebensmittel so teuer, das Gebiet aber so volkreich, dass ein Schweizer viermal soviel an die Natur bezahlt wie ein Türke an den Sultan.

Ein Herrschervolk, etwa Römer und Athener, kann sich von jeder Abgabenlast frei machen, weil es über unterworfene Nationen herrscht. Deshalb bezahlt es nicht proportional zu seiner Freiheit, denn in dieser Hinsicht stellt es kein Volk dar, vielmehr einen Monarchen.

Die allgemeine Regel gilt jedoch immerdar. Die massvollen Staaten bieten eine Entschädigung für den Steuerdruck: eben die Freiheit. Die despotischen Staaten bieten ein Entgelt für die Freiheit: eben die geringfügigen Steuern.

Missbrauch der Freiheit

Die großen Vorzüge der Freiheit hatten zur Folge, dass man die Freiheit selbst missbrauchte. Die gemäßigte Regierung hat erstaunliche Wirkungen hervorgebracht, und schon hat man diese Mäßigung aufgegeben. Man hat große Steuereinnahmen erzielt, und schon wollte man außerordentliche erzielen. Man hat die Hand der Freiheit, aus der dies Geschenk stammt, verkannt und sich somit an die Knechtschaft gewandt, die soviel wie möglich hinterzieht.

Die Freiheit hat das Übermaß an Steuern hervorgebracht, aber die Wirkung dieser übermäßigen Besteuerung ist, dass die Freiheit ihrerseits die Knechtschaft hervorbringt, und die Wirkung der Knechtschaft ist die Verminderung der Steuereinnahmen.

[...]

Bei uns gilt nicht als großer Minister, wer die öffentlichen Einkünfte weise verteilt, sondern der erfindungsreiche Mann, der ermittelt, was man Schlupflöcher nennt.

(MONTESQUIEU, *Vom Geist der Gesetze,* Seite 258–259)

Beachten Sie, dass Montesquieu 1750 natürlich nur von Staatsabgaben gesprochen hat – aus heutiger Sicht jedoch sicher alle privaten obligatorischen Abgaben wie Parkgebühren, Schreibgebühren, Abfallgebühren, Kreditkartengebühren, Verkehrsbussen, Mieten, Zinsen, Prämien usw. als Steuern bezeichnen würde.

Mit Geld ging man spätestens ab Mitte der 90er Jahre des letzten Jahrhunderts viel humaner um als mit den Menschen. Die Manager von ABB schafften die Stempeluhren ab. Immer mehr setzte sich in den Chefetagen die Meinung durch, es sei nicht wichtig, wie lange die Menschen arbeiten. Wichtig sei einzig die Frage, was sie dabei leisten – sprich was sie am Markt für ihre Leistung abzocken können. Diese Ansicht impliziert offensichtlich gleichzeitig die Ausbeutung der Mitarbeiter und der Kunden. Nur für ihre Leistung also, nicht für das Absitzen von Zeit sollten die Menschen entschädigt werden.

Viele Geldinstitute adoptierten diese Idee, merkten aber nicht, dass sie damit das Geld, das sie verwalten, viel humaner behandeln. Geld wurde – im Gegensatz zu den Mitarbeitern –

weiterhin durch das Absitzen von Zeit über den Zins entschädigt – unabhängig vom Arbeitsergebnis, welches der Kreditnehmer durch den Einsatz des Kapitals erzielte.

Es wäre interessant, von den gleichen Managern zu hören, wie sie diese unterschiedliche Behandlung von Mensch und Geld rechtfertigen – ohne dabei rot zu werden. So wie die Grosskonzerne mit ihren Mitarbeitenden umgegangen sind, gehen die Kapitalbesitzer heute im Wettbewerb mit Kleinunternehmen um. An Internetauktionen lassen sie diese für ihre Produkte/Dienstleistungen sich gegenseitig auf ein Preisniveau herunterkämpfen, mit dem die Existenz nicht mehr gewahrt ist. Wettbewerb in dieser Form bedeutet: Wer Kapital besitzt, kann sich für immer weniger Geld immer mehr Arbeit (Lebenszeit) von Dritten kaufen!

Privates Geld regiert die Welt – demokratische Rechtsstaaten und Sozialpartner sind überfordert, wenn sie soziale Verantwortung übernehmen möchten

Die Anwendung des Zinses (Zehnten) macht offenbar über die Jahrzehnte aus Geld ein ultimatives Machtinstrument: ein Machtinstrument über Leben und Tod, mit dem Private plötzlich in der Lage sind, demokratische Rechtsstaaten zu beherrschen und ganze Kontinente zu kaufen. Dieser Prozess wurde durch die jüngst eingeführten Deregulierungsmassnahmen (GATT/WTO) stark vereinfacht und beschleunigt. Mit »going public« (Gang an die Börse) von allem, was privat ist, und durch Privatisierung von allem, was staatlich war, wurden Güter, Unternehmungen und die darin arbeitenden Menschen plötzlich zur käuflichen Ware für das internationale Grosskapital.

Durch das Potenzial, sich über den Zins endlos vermehren zu können, wird Geld zum Medium, mit dem man nicht nur Rohstoffe, sondern gleichsam Leben oder Lebenszeit von Menschen kaufen kann. Was wir bezahlte und unbezahlte Arbeit nennen, ist nichts anderes als Lebenszeit, welche von Dritten konsumiert wird.

Während viele ehrliche Liberale noch immer an den »freien Markt« glauben, wird immer offensichtlicher, dass die Weltwirtschaft von einer kleinen monopolistischen internationalen Geldaristokratie beherrscht wird. So hat jüngst der Geschäftsführer von Valser-Wasser in der Schweiz bestätigt, dass sie ihr Wasser nur nach Moskau exportieren können, weil Coca-Cola dort die durch den Coca-Cola-Konzern beherrschten Vertriebskanäle für Valser-Wasser zur Verfügung stellt.

Die Worte sind falsch – Verwirrung herrscht

Als die UNO Anfang 2001 feststellte, dass die Solidarität der Menschen nicht mehr so spielt wie in Zeiten der nationalstaatlichen europäischen Demokratien, begann man die Idee der Freiwilligenarbeit zu propagieren. Heerscharen von Sozialarbeitern und Politikern wurden aufgeboten, zu applaudieren, wenn jemand sich für die Gemeinschaft nützlich machte.

Vergessen wurde die Tatsache, dass gerade die »Freiwilligenarbeit« die zunehmende Kluft zwischen Arm und Reich noch deutlicher hervortreten lässt. Working poor arbeiten den ganzen Tag und verdienen trotzdem zu wenig, um davon leben zu können. Wer wollte allen Ernstes von diesen Menschen verlangen, dass sie zusätzlich noch Freiwilligenarbeit leisten?

Freiwilligenarbeit müsste zudem »Gratisarbeit« heissen. Sie hat vielmehr mit der Tatsache zu tun, dass sie unbezahlt ist, als mit dem Umstand der Freiwilligkeit. Diese würde nämlich implizieren, dass alle anderen Berufstätigen unfreiwillig arbeiten, insbesondere die Working poor, welche sich Freiwilligenarbeit nicht leisten können.

Spüren Sie bei dieser Aussage den fundamentalen Unterschied zwischen der seelenlosen Uhrenzeit und unserer Lebenszeit?

Wir müssen aufpassen, dass wir niemanden für die heutige Situation verurteilen. Sie hat sich so entwickelt. Viele, welche sie mitverantworten, konnten die Konsequenzen ihrer Entscheidungen schlicht nicht überblicken. Sie haben es von ihren Vorgängern nicht anders gelernt. Trotzdem lohnte es sich, ein paar jüngst in Mode gekommene Begriffe wie »Allianzen« (ein anderes Wort für Kartelle) und »freie Software« (Gratissoftware) zu hinterfragen. Warum wurden solche irreführenden Begriffe eingeführt? Und was bezweckt die irreführende Wortwahl – die auch im Begriff der Freiwilligenarbeit klar erkennbar ist?

Wussten Sie:

Dass das Wort »privat« vom lateinischen Wort »privare« abstammt, was soviel bedeutet wie »berauben«?

Dass man mit dem lateinischen Wort »privatus« etwas bezeichnete, das man der Herrschaft beraubt oder entzogen hat (zum Beispiel ein Staatsregal, das man der Herrschaft der Demokratie beraubt hat)?

Wer in Regierungsgeschäften ausgebildet ist, findet eine logische Erklärung, weshalb zunehmend mehr irreführende Begriffe verwendet werden. Jeder Militärstratege weiss, dass er mit Scheinmanövern von seinen tatsächlichen Absichten ablenken kann.

Das untenstehende Zitat von Konfuzius will sagen, dass die Menschen durch falsche Worte und falsche Wortbedeutungen irregeführt werden, sich falsche Feindbilder etablieren und dadurch Orientierungslosigkeit entsteht. Wer politische Diskussionen verfolgt, stellt unschwer fest, dass wir genau diesen Zustand heute erreicht haben – die Worte sind falsch!!! Selten war die Orientierungslosigkeit grösser als heute.

> *Sind die Worte nicht richtig, so sind die Urteile nicht klar, dann gedeihen die Werke nicht, treffen die Strafen nicht das Rechte – und das Volk weiss nicht, wo Hand und Fuss hinsetzen.* KONFUZIUS (551–479 v. Chr.)

Es ist nicht die Uhrenzeit – es ist das Leben, welches durch unsere Art zu wirtschaften unter Druck kommt

Durch die Art, wie wir heute wirtschaften, ist nicht verwunderlich, dass unsere Lebenszeit plötzlich zu einer teuren statt kostbaren und wertvollen Ressource (eine Art Rohstoff) wurde. Eine Ressource, welche umsichtig überwacht, kontrolliert und bewirtschaftet werden muss. Denn erst seit Zeit durch den Zins zu Geld wurde, kann man Zeit sparen, Zeit vergeuden usw.

Je grösser das weltweit angehäufte und in Dollar, Pfund und Euro bewertete Kapital, desto grösser ist der Zins und Zinseszins, der durch menschliche Arbeit (Lebenszeit) erwirtschaftet werden muss. Je mehr Kapital investiert ist, desto mehr Zins muss erwirtschaftet werden. Arbeit generiert Güter und Dienstleistungen. Zusätzlich muss Arbeit jedoch immer mehr noch den zunehmenden Hunger des wachsenden Zinsanteils auf Kapital stillen. Das Sozialprodukt (Wirtschaft) muss um des Geldes (Zinses) willen wachsen – auch wenn wir von allen Gütern schon im Überfluss besitzen.

Weil aber Banken heute vom Zins alleine nicht mehr leben können, mussten sie laufend neue derivative (abgewandelte/umgewandelte) Finanzinstrumente erfinden. Der Aktienhandel reichte nicht mehr aus, und so wurde neu mit Devisen und Rohstoffen spekuliert. Die privatisierte Abschöpfungswirtschaft (Geldwirtschaft, welche aus Geld noch mehr Geld macht) feierte mit Milliardengewinnen ihren Sieg über die wertschöpfenden Betriebe (reale Wirtschaft, welche durch Arbeiten und Herstellen von Produkten Geld verdient).

Weltwirtschaftskrisen sind durch die Art, wie wir wirtschaften, vorprogrammiert

Seit die Uhrenzeit über den Zins an das Geld gekoppelt ist, sind Menschen zunehmend gezwungen, ihre Lebenszeit zu sparen und diese nicht zu vergeuden. Durch den Zinsmechanismus sind wir gezwungen, zu tun – es reicht nicht mehr, zu sein (auch wenn die Getreidespeicher übervoll sind). Was auch klar ist und mit jedem einfachen Taschenrechner simuliert werden kann: Durch die Zinseszinskurve wird die Geldwirtschaft in stetiger Regelmässigkeit kollabieren, weil die Menschen den Kapitaldienst nicht mehr aufbringen können, den der Zins von ihnen fordert. Grosse Staatsmänner haben seit den Griechen immer wieder versucht, die Herrscher über das Geldsystem an ihre Verantwortung zu mahnen:

> *Die Herrscher über den Austausch der Güter der Menschheit [Geldsystem] sind aufgrund ihrer eigenen Sturheit und ihrer eigenen Unfähigkeit gescheitert, haben ihr Scheitern zugegeben und abgedankt. Die Praktiken der skrupellosen Geldwechsler stehen vor dem Gericht der öffentlichen Meinung unter Anklage und werden von den Menschen vom Grunde ihres Herzens und ihres Verstandes abgelehnt ... Die Geldwechsler flohen von ihren hohen Sitzen im Tempel der Zivilisation. Wir können diesen Tempel nun wieder seiner ursprünglichen Bestimmung übergeben.*

Franklin D. Roosevelt,
Amtsantrittsrede des Präsidenten der USA im März 1933

Präsident Roosevelt hat nach seinem Amtsantritt als Präsident der USA sofort damit begonnen, das Geld neu und gerechter unter den Bürgerinnen und Bürgern zu verteilen. Nach dem Börsencrash von 1929 herrschte ein ähnliches Gefälle zwischen Reich und Arm wie heute, nach dem Börsencrash Ende der 90er Jahre. Die Umverteilung des Geldes nannte man damals »New Deal« – was soviel bedeutet, wie beim Kartenspiel die Karten neu zu mischen. Es ist sehr wahrscheinlich, dass wir auch 2004 die Karten neu verteilen müssten, um der Probleme Herr zu werden!

Was zu tun wäre, wissen die Herrscher über das Geld-System auch aus anderer Quelle.

Im Falle von Geld haben wir es mit etwas zu tun, das in unserer Generation mit Methoden behandelt wird, die sich stark von den vor hundert oder fünfzig Jahren üblichen Methoden unterscheiden. Als es noch eine Vielzahl privater Banken gab, war das System der Kreditausgabe vielleicht noch angemessen, doch mit dem Zusammenschluss der Banken sind wir nun an einem Punkt angelangt, wo etwas, das allgemein gebraucht wird – nämlich Geld oder Kredit, der im Dienste des Geldes steht –, in der Tat zu einem Monopol geworden ist ... Die private Ausgabe von neuen Krediten sollte in der modernen Welt genauso behandelt werden wie die private Geldprägung in früheren Zeiten. Die Banken sollten in ihrem Kreditpotential auf die von ihren Kunden hinterlegten Geldbeträge beschränkt sein, während die Ausgabe neuerer Kredite [Geldschöpfen durch Zins, Gelddrukken und Leasing] die Aufgabe einer staatlichen Behörde sein sollte. Dies bedeutet keineswegs eine Zensur der Banken oder Bankiers. Sie haben das ihnen anvertraute System [die Getreidespeicher] mit beispielloser Rechtschaffenheit, Kompetenz und Gemeinsinn geführt. Doch das System hat sich anormal entwickelt und dazu geführt – wie so oft, wenn eine anormale Entwicklung über einen langen Zeitraum hinweg andauert –, dass etwas zum Herr wird, das Diener sein sollte.

Reverend William Temple,
Erzbischof von Canterbury, London, 26. September 1942

Es ist bedauerlich, dass unsere Wirtschaftsstudenten in den

Hörsälen unserer Universitäten solches Basiswissen nicht mehr vermittelt erhalten. Viele heutige Probleme in Wirtschaft und Gesellschaft wären vermeidbar gewesen.

Wir sind eine Gesellschaft von Simultanten – alles geschieht gleichzeitig und überall – Zeitnot herrscht

Durch die jüngste Globalisierungswelle und die sich ausdehnenden internationalen Märkte wurde die Arbeitsteilung noch komplexer. Kosten und Anstrengungen, um Termine, Besprechungen und Lieferfristen zu koordinieren, haben eine unglaubliche Spitze erreicht.

Alles muss nicht nur schneller gehen – vieles ist durch die gleichen Menschen gleichzeitig auszuführen. Karlheinz A. Geissler, Zeitforscher aus München, nennt die heute wirtschaftenden Menschen deshalb Simultanten (Karlheinz A. Geissler, *Alles. Gleichzeitig. Und zwar sofort*, 2004), weil sie alles gleichzeitig tun. Durch moderne Kommunikationsmittel haben wir die Sichtweite unserer Augen und die Hörweite unserer Ohren auf den gesamten Globus ausgedehnt, so dass wir jederzeit an allen Schauplätzen der Weltwirtschaft teilhaben (müssen). Mit den Raumgrenzen wurden auch die Zeitgrenzen aufgelöst. Dies ist nicht verwunderlich, wenn man weiss, dass die Uhrenzeit per Definition an die drei Dimensionen des Raumes gekoppelt ist!

Die internationale wettbewerbsorientierte Wirtschaft hat durch die Globalisierung die freie Kapazität unverbrauchter Ressourcen mit Grenzwert gegen Null reduziert. Wir können es uns nicht mehr leisten, irgendwelche Ressourcen ungenutzt zu lassen. Schüler müssen die Maturität aus Kostengründen in sechs statt in sieben Jahren absolvieren – obwohl sie 20 bis 40 Jahre älter werden und somit mehr Zeit hätten, die Investition in ihre Bildung durch Arbeit zu amortisieren. Fremdsprachen sollen unsere Kinder lernen, noch bevor sie ihre Muttersprache richtig beherrschen. **Die von Konfuzius zitierten Worte (Seite 43) sollten jenen Menschen tief eindringen, welche sich einreden lassen, wir müssten unseren Kindern drei Weltsprachen in 15 Jahren eintrichtern. Es ist anzunehmen, dass die Verwirrung dadurch nicht kleiner wird.**

Zeitwohlstand und Zeitautonomie sind die wirklichen Messgrössen, mit welchen man echten Wohlstand messen kann

Rhythmen und Lebenszyklen wurden ersetzt durch den zerhackten Takt der Uhren. Durch die Globalisierung sind die Menschen gezwungen, mit zunehmend mehr Menschen Termine zu vereinbaren und zu koordinieren, während die Geschwindigkeit im Gütertausch und Informationsaustausch weiter zunimmt. Die Anzahl Menschen, mit denen die heute Berufstätigen verhandeln und verkehren müssen, nimmt in der gleichen Geschwindigkeit zu. Alles geschieht gleichzeitig und sofort, kaum mehr ist etwas planbar, nichts kann warten, alles ist dringend! Dieses System kann nicht anders, als zum direkten Kollaps aller lebensbasierten Systeme zu führen. Lebende Systeme sind an natürliche Rhythmen gebunden, ohne welche sie nicht existieren können. Im Dauerstress der Vertaktung und Rastlosigkeit brennen lebende Organismen aus – egal ob Pflanze,

Mensch oder Tier. Wir können Uhren so bauen, dass sie so schnell laufen wie ein Ferrari – nur werden wir mit unserem Leben kaum folgen können. Und obwohl wir immer schneller arbeiten, werden unsere Getreidespeicher nicht voll – sie werden von Dritten ausgeraubt (privatisieren = privatus).

Immer mehr Menschen spüren, dass die heutige Zeit, in der sich ganze Gesellschaften ohnmächtig fühlen, nicht lebenswert ist. Es ist nicht dieser Wohlstand, den wir anstreben sollten. Ohne ein Patentrezept zu formulieren: Es gibt keinen Wohlstand der Nationen ohne Zeitwohlstand der Mehrheit der Bürger. Denn eine Gesellschaft, die keine Zeit hat, lebt nicht. Mit Zeitwohlstand sei keineswegs Faulheit oder Gleichheit gemeint. Alle Menschen unterschiedlicher Charaktere werden abhängig von ihrem Lebensalter und ihrer sozialen Situation ein jeweils anderes Empfinden von Zeitwohlstand haben. Zeitwohlstand meint demnach, dass eine grosse Mehrheit der Menschen in ihrer aktuellen Lebenssituation subjektiv Zeitwohlstand empfindet. Das ist heute sicher nicht für eine Mehrheit der Fall.

Ohne gemeinsame Begegnungszeiträume entstehen keine Kulturen – und bestehende Kulturen zerfallen

Es können keine demokratisch-solidarischen Kulturen entstehen, wenn Menschen jeden Termin planen müssen, zu dem sie jemanden treffen möchten. Eine Gesellschaft, die 24 Stunden im Tag und 7 Tage pro Woche arbeitet, findet keine automatischen gemeinsamen Begegnungszeitpunkte mehr, zu denen sich die Menschen einer Region automatisch treffen. Wie soll eine

Familienkultur, eine Unternehmenskultur oder die Kultur in einer Gemeinde oder Region sich etablieren, wenn die Menschen sich nicht zu regelmässigen Zeitpunkten automatisch treffen? Menschen, die sich nicht begegnen und ergo keine gemeinsamen Erlebnisse haben, können keine gemeinsame Kultur entwickeln. Deshalb erfanden frühere Gesellschaften die 5-Tage-Woche, die Feiertage, den Feierabend und die Ferien.

Immer häufiger wird uns weisgemacht, aus Kostengründen könnten wir uns diese Freiräume nicht mehr leisten. In einer globalisierten Welt sei es ganz einfach nicht mehr modern, beschränkte Ladenöffnungszeiten und andere gemeinsame Freizeiträume zu schaffen. Dafür leisten wir uns Arbeitslose, einen milliardenschweren Kampf gegen den Terror und immer mehr psychisch Kranke, Scheidungen und Drogenkranke. Was wir auf der einen Seite zu sparen glauben, geben wir auf der andern Seite wieder aus. Die heutige Art zu wirtschaften wird von vielen Menschen als Terror empfunden. Die Wirtschaft sollte doch den Menschen zu einem besseren und einfacheren Leben verhelfen. Statt dessen wird sie für zunehmend mehr Menschen zur letzten natürlichen Bedrohung – die Wirtschaft ist damit ihrem Zweck entfremdet.

Wettbewerb ist Krieg – Kooperation bringt Frieden

Diese Beschleunigung kann von Menschen nur bewältigt werden, wenn die Gesellschaft einen grundlegenden Wechsel vollzieht: vom System des Wettbewerbs zum System der Kooperation.

Wettbewerb führt uns zunehmend in eine Situation, in welcher jeder jeden bekämpft, statt sich gegenseitig zu fördern. Wettbewerb ist die wirtschaftliche Form des Krieges. Erkennen kann man dies daran, dass in den letzten Jahren riesige Kapitalkonzentrationen stattgefunden haben. Statt mit Waffen werden heute Ländereien und ganze Branchen mit Geld erobert. Sie werden ganz einfach gekauft. Going public und Privatisierung, GATT und WTO machten dies möglich.

Kein Wunder, dass Volkswirtschafter, wie Paul R. Krugman, vom »globalen Wirtschaftskrieg« sprechen (Paul R. Krugman, *Der Mythos vom globalen Wirtschaftskrieg*, 1999)!

Zahlen zur Globalisierung/Kolonialisierung

(Stand: Frühjahr 2002; Quelle: M. Perlitz, Uni Mannheim)

- In Ungarn sind 68%, in Irland 67%, in Kanada 51% der Produktionsmittel in ausländischem Besitz.
- In Argentinien, Ungarn, Chile, Polen und der Tschechischen Republik sind 50% aller Banken in ausländischem Besitz.
- 80% aller weltweiten Direktinvestitionen tätigen die Konzerne in nur 10 Ländern.
- Der einseitige Kapitaltransfer macht die armen Länder immer ärmer und die reichen immer reicher:

  1960 besassen die 20 reichsten Länder 30mal mehr als die 20 ärmsten Länder.

  2002 besitzen die 20 reichsten Länder 74mal mehr als die 20 ärmsten Länder.

  Tendenz: galoppierend zunehmend.
- Rund ein Drittel des Welthandels findet im geschlossenen Kreislauf einzelner Konzerne statt.

  Wie frei ist diese freie Marktwirtschaft und für wen?

Seit Jahrhunderten versucht die Gemeinschaft der Menschen, ihre Beziehungen zwischen unterschiedlichen sozialen Gruppen und Nationen zu lösen, indem sie die wichtigsten gesellschaftlichen Machtmittel strukturiert, organisiert und anwendet.

Die Anwendung dieser Machtmittel basiert von Alters her auf den Polen Freiwilligkeit und Mitbestimmung (Demokratie) oder auf Zwang und Ausbeutung (Despotie oder Diktatur). Die Art, wie diese Machtmittel ausgestaltet sind, hat direkten Einfluss auf das Freiheitsgefühl der Menschen.

Eine Gesellschaft, welche tatsächlich die Freiheit aller Menschen – und nicht nur jene einer Elite – anstrebt, tut gut daran, die Ausgestaltung dieser Machtmittel zu überdenken. Wer den Gewinn maximiert und den Nutzen, den er stiftet, aus den Augen verliert, der wird im Wettbewerb zum Despoten (Gewaltherrscher), der andere Mitarbeiter, andere Unternehmungen oder andere Volkswirtschaften ausbeutet.

Wer den Gewinn (die Ausbeute) maximiert, der maximiert zwangsweise die Differenz zwischen dem Nutzen, den er für einen Kunden stiftet (Nutzwert), und dem Preis, den er vom Kunden für diesen Nutzen erhält (Tauschwert). Er maximiert also die Ausbeute und kann nicht anders als auf lange Sicht »Ausbeutung« seiner Kunden betreiben. Jeder Betriebswirtschafter kann dies in seinen Büchern nachlesen – jeder Sekundarschüler kann dies mit einem Dreisatz ausrechnen.

Der freie Markt ist das pure Gegenteil einer konfliktarmen Regelung, mit der Menschen zusammenleben können. Regierungen, die den freien Markt propagieren, fordern gleichsam dazu auf, dass Menschen sich bis aufs Blut gegenseitig ausbeuten. Es ist deshalb nicht verwunderlich, dass die Gewaltbereitschaft in dieser Art Gesellschaft zunimmt und dass wir die

Menschen mit immer mehr Polizeigewalt im Zaum halten müssen.

Mit welchen Machtmitteln werden Menschen in Nationen und zwischen Nationen regiert?

Norbert Elias hat in seinem Werk *Über den Prozess der Zivilisation,* Band II, herausgearbeitet, wie es zwischen 1200 und 1800 möglich war, dass ein einzelner Herrscher plötzlich über ein grösseres Reich herrschen konnte. Er stellte folgende vier Handlungsfelder ins Zentrum und ortete in diesen Handlungsfeldern wichtige Machtmittel, welche die Beherrschung eines Territoriums ermöglichen:

- Arbeitsteilung
- Verkehrswege und Transportwege sowie Transportmittel
- Kommunikationswege, Kommunikationsmittel und Kommunikationsinhalte
- Geldsystem

Norbert Elias beschreibt eindrücklich, wie diese vier Handlungsfelder einem Herrscher – das könnte auch eine Demokratie sein – dazu dienen, die Ausprägungen zwischenmenschlicher Tätigkeit und damit die Beziehungen zwischen Menschen in einer Gesellschaft zu gestalten und zu prägen:

Genau in diesen vier Handlungsfeldern hat das Institut Zeit & Mensch die wichtigsten Ursachen für die allseits beklagte Zeitnot geortet. Ist es ein Zufall, dass gerade in diesen Handlungsfeldern oder Machtinstrumenten alle Staatsregale privatisiert wurden? Quer durch Europa haben sich innert weniger Jahre politische Kräfte durchgesetzt, welche die Telekommunikation, das Fernsehen, das Radio, die Eisenbahnen, Kantonalbanken, Landesbanken, die Post und die Elektrizitätswerke privatisiert haben. Man hat diese Machtmittel der Herrschaft der Demokratie beraubt (privatus)!

In diesen Handlungsfeldern der Beschleunigung, welche gleichzeitig – wie Norbert Elias dies beschreibt – für eine Regierung ein wichtiges Machtinstrument darstellen, finden wir deshalb auch wieder jene Regulative und Mechanismen (Hemmungen), welche uns helfen könnten, unsere Zeit-, Geld- und Gesellschaftsprobleme zu meistern.

Bemerkenswert am Werk von Norbert Elias ist die Klarheit, mit welcher er die Bedeutung des Geldsystems – also einer gemeinsamen Währung wie des Euros – für die Beherrschung eines grossen Reiches herausstellt. Durch eine gemeinsame Währung müssen sich im Austausch von Gütern und Dienstleistungen alle Menschen innerhalb eines Wirtschaftsraumes der zentralen Macht einer einzigen Notenbank beugen. Wer also das Recht besitzt, Geld zu drucken oder Zins zu erheben, der beherrscht das wichtigste Machtmittel, mit welchem das Beziehungsgeflecht zwischen Menschen geregelt wird.

Ist es da ein Zufall, dass mit dem Euro zum ersten Mal in der Geschichte der Menschheit eine Währung neu etabliert wurde, bevor in diesem Land (Euroland) eine einheitliche Staatsverfassung existierte? Was Norbert Elias ausserdem präzis herleitet, ist die Tatsache, dass durch zunehmenden Wettbewerb die kleinen Strukturen zerstört werden und Wettbewerb zur Bildung von grösseren Gebilden und damit zur Monopolbildung führt. Wir haben die einzigartige Chance, diesen bereits

1939 beschriebenen Mechanismus der Zerstörung und Monopolisierung in der Praxis der Globalisierung zu erleben. Nur sollten wir uns folgende Frage stellen: Warum fordern Politiker und Wirtschaftsverbände »mehr Wettbewerb«, weil dies die bessere Form des Wirtschaftens sei, obwohl offensichtlich überall neue Monopole, Oligopole und Allianzen (Kartelle) quer durch alle Branchen ihre Positionen in allen Beschaffungs- und Vertriebskanälen beziehen? Will man uns tatsächlich in die Freiheit führen?

Ohne die richtigen Hemmungen zerstören die vier Handlungsfelder der Macht ganze Demokratien

Ein französisches Sprichwort besagt: »Dans la vie, comme dans les montres, tout est question de ressort« – »Im Leben ist es wie bei den Uhren – alles hängt ab von der Hemmung.«

Dieses Zitat stammt von einem Franzosen, welcher wie Montesquieu oder J. J. Rousseau im Vorfeld der Französischen Revolution sehr genau analysiert hatte, was am Wirtschafts- und Gesellschaftssystem problematisch war.

Der globale Wettbewerb (genau in den vier Handlungsfeldern) hat die Menschen weltweit nicht in die propagierte Freiheit, sondern in eine noch grössere gegenseitige Abhängigkeit geführt. Wir registrieren heute in Europa den genau gleichen gesellschaftlichen Zustand wie vor 150 Jahren, als Gottfried Keller in Zürich die Gründung der Zürcher Kantonalbank als Staatsbank anregte und Karl Marx gemeinsam mit Friedrich Engels das kommunistische Manifest verfasste, mit dem die Verstaatlichung allen Kapitals gefordert wurde.[8]

Dass sich die Idee einer totalen Verstaatlichung – die Forderung der Kommunisten – nicht bewährt hat, können wir heute in der Rückschau sicher feststellen. Eine andere Idee, die Idee der Staatsbanken (Kantonalbanken/Landesbanken) von Gottfried Keller, stellt sich in der Rückschau als einigermassen stabil heraus.

Das Regelwerk in den genannten vier Handlungsfeldern wurde in der Schweiz damals mit Staatsregalen organisiert. Vor kurzem haben wir diese Staatsregale (Service public) privat (feudalistisch) und nicht mehr staatlich (demokratisch) geregelt. Nun bestimmen also Private über die wichtigsten Machtmittel, mit welchen Gesellschaften den Grundcharakter der Beziehungen zwischen Menschen in einer Gesellschaft regeln. Und naturgemäss – wie in der Volkswirtschaftslehre beschrieben – führt zunehmender Wettbewerb zu zunehmendem Individualegoismus und zerstört den Solidaritätsgedanken innerhalb von Familien, Unternehmungen und Nationen (siehe dazu Rolf Dubs, *Volkswirtschaftslehre,* 1982).

Private fühlen sich der Gesellschaft nicht verpflichtet. Der freie Wettbewerb legitimiert ihren Egoismus. Wer selbst ums Überleben kämpft, kann sich nicht auch noch um den Nachbarn kümmern! Die vielen Privaten können sich in der Regel nicht einigen, wer denn nun welche Verantwortung für welche sozialen Probleme tragen soll. Feudalistische Fürsorgeregelungen statt soziale Einrichtungen werden etabliert. Die Armen werden der Faulheit und die Arbeitslosen der Arbeitsscheu bezichtigt, während die Kapitalbesitzer – welche vom arbeitslosen

[8] Mit dem *Kleptokratischen Manifest* (siehe Literaturverzeichnis) habe ich im Oktober 2002 einwandfrei bewiesen, dass wir heute den gleichen gesellschaftlichen Zustand haben wie damals, vor 150 Jahren.

Zinseinkommen leben – nicht zur Verantwortung gezogen werden.

Im Sinne von Darwin behaupten die neoliberalen Prediger auch noch, dass diese Art der Ausbeutung in der Natur der Menschen liege und unvermeidlich sei – obwohl wir doch in der Schweiz während 150 Jahren bewiesen haben, dass diese Art der Selbstzerstörung in keiner Weise notwendig wäre. Und die Kirche (Seite 26) scheint das »gute Leben« einer Elite (Aristokratie) mit der »Erbsünde« zu rechtfertigen.

Zwischen dem Kapitalismus (in welchem alles privat geregelt ist) und dem Kommunismus (in welchem alles staatlich geregelt ist) gab es jedoch schon immer einen geeigneten Mittelweg: die direkte Demokratie. Ausgerechnet wir Schweizer haben dies offensichtlich vergessen.

Das globale Dorf braucht neue Regeln zur Organisation seiner Machtmittel

Durch die gesetzlichen Strukturen und Regeln in den Handlungsfeldern der Macht organisiert jede Gesellschaft die zwischenmenschlichen Beziehungen ihrer Mitglieder. Selbstverständlich braucht ein globales Dorf andere Regeln als ein kleines Land. Aber vielleicht braucht gerade ein globales Dorf mehr Hemmungen und darf nicht dem Despotismus und Individualegoismus des freien Marktes unterworfen werden. Wenn Raumgrenzen und Zeitgrenzen aufgelöst werden, droht eine Art Dschungel zu entstehen; eine freie Wildbahn als Gegensatz zum Paradies. Kapital fliesst ja bekanntlich im freien Markt dorthin, wo es am einfachsten hohen Gewinn abwirft. Ist es da verwunderlich, wenn zunehmend mehr Menschen ihr Einkommen in kriminellen Organisationen, Bordellen, bei Drogenhändlern und Waffenhändlern verdienen? Ist es da ein Wunder, dass der ehrliche Steuerzahler nochmals geprellt wird, weil er die zunehmende Last für Polizeiausgaben und Flüchtlingsprobleme ebenfalls mittragen muss? Ist es diese Freiheit, die wir suchten? Sehen Sie, dass Politiker und Wirtschaftsführer Massnahmen einleiten, diesem Übel abzuhelfen?

Wer diese Frage verneint, der sollte dafür kämpfen, dass der demokratische Rechtsstaat und seine Stellvertreter genügend Machtmittel in die Hände bekommen, um Individuen und Institutionen in die Schranken zu weisen, welche ihre private Macht in diesen gesellschaftlichen Betätigungsfeldern missbrauchen. Welche Machtmittel brauchen aber Politiker, um die Entscheidungsträger zur Verantwortung zu ziehen, wenn es zu Exzessen kommt?

Heute befinden wir uns doch in der absurden Situation, dass jeder Verantwortliche von sich sagt, dass er machtlos sei und nicht handeln könne.

Wo gibt es Handlungsansätze?

Die 24 Zeitzonen wurden erfunden, weil durch den immer schnelleren Schienenverkehr grössere Flächen zu einer Region zusammengeschweisst wurden. Die jüngsten Errungenschaften der Telekommunikation haben zur Erfindung der Internetzeit geführt. Die Stempeluhr und die Zeitwirtschaftssoftware wurden für eine gerechte Arbeitsteilung erfunden – genau gleich wie früher die Glocke und die mechanische Turmuhr. Die Handhabung der Uhrenzeit und die Instrumente der Uhrenindustrie sind deshalb nebst Geld sehr wichtige Instrumente, mit welchen die Menschen seit Jahrhunderten ihre Beziehungen in den Handlungsfeldern der Macht regelten.

Je mehr diese Handlungsfelder global organisiert sind und je dichter dadurch die Uhrenzeit auf eine einzige Zeitzone reduziert und komprimiert ist, desto dichter wird auch die Lebenszeit der Menschen, und das Leben der Menschen kommt zwangsweise zunehmend unter Druck.

Was könnten wir tun?
Die Wirtschaft neu strukturieren!

Wir müssen erkennen, dass es nicht »die Wirtschaft« gibt. Es gibt zunächst einmal die Geldwirtschaft (aus Geld durch Zins und Spekulation mehr Geld machen) und die reale Wirtschaft (durch wertschöpfende Arbeit Produkte und Dienstleistungen erzeugen).

Die Geldwirtschaft (Abschöpfung) hat der realen Wirtschaft (Wertschöpfung) zu dienen und darf nicht zum Selbstzweck des Wirtschaftens werden. Banken und Versicherungen müssen wieder als Getreidespeicher amten. Aus diesem Sinn wurden sie erfunden und in diesem Sinn müssen sie handeln.

Wenn wir das heutige Beziehungsgeflecht von Menschen innerhalb einer Nation oder auf dem ganzen Kontinent Europa neu regeln wollen, müssen wir nicht nur nach den drei uns in den Geschichtsbüchern überlieferten Staatsgewalten rufen. Neben Exekutive, Legislative und Judikative (Regierung, Parlament, Richter) sind heute folgende Bereiche entscheidende

Machtmittel, welche das Beziehungsgeflecht zwischen den Menschen regeln:

- Das Recht zum Schöpfen von Geld (Geld drucken, Zinsen, Leasing)
- Das Recht zum Erheben von obligatorischen Abgaben (Zinsen, Prämien, Gebühren, Steuern)
- Der Zugang zu und die Beherrschung von Verkehrswegen und Verkehrsmitteln
- Der Zugang zu und die Beherrschung von Kommunikationswegen mit deren Inhalten (Telekommunikation und Medien)
- Der Zugang zu und die Beherrschung von Vertriebs- und Beschaffungskanälen
- Der Zugang zu und die Beherrschung der Energieversorgung
- Die Regelung der Arbeitsteilung

Es ist sinnlose Demagogie (Volksverführung), wenn wir den Menschen eintrichtern, es werde alles besser, wenn sie noch mehr sparen, noch mehr privatisieren und noch mehr den Wettbewerb fördern. Es gibt keine Demokratie ohne Staat, und wie wir dank der jüngsten Exzesse sicher gemerkt haben: Es gibt keine Demokratie ohne Staatsregale.

Der freie Wettbewerb braucht Regeln. Der verfassungsmässige Auftrag jeder Nation ist es, für Chancengleichheit zu sorgen. Das wollen ja offensichtlich auch die Liberalen/Freisinnigen (vgl. Seite 25).

Wie 1850 und vor dem ersten und zweiten Weltkrieg stehen wir mitten in einer globalen Wirtschaftskrise. Damals wie heute verlieren Hunderttausende von Menschen ihre Existenz –

und wir wundern uns alle, wie dies kommen konnte. Wenn wir uns jedoch bewusst sind, dass die obenstehenden Machtmittel entscheidenden Einfluss auf den Gang der Wirtschaft haben, dann könnten wir uns ins Bewusstsein rufen, mit welchen Massnahmen wir dem Elend von Arbeitslosigkeit und KMU-Sterben ein Ende bereiten könnten.

Wer noch mehr Wettbewerb, noch mehr Ein-Euro-Jobs und noch mehr Leidensbereitschaft fordert, hat die Zeichen der Zeit und vor allem Ursachen- und Wirkungszusammenhänge nicht erfasst. Die Wirtschaft braucht faire Strukturen – gerade weil sie global organisiert ist. So wie wir im Fussball verschiedene Ligen definieren, muss auch die Wirtschaft strukturiert werden.

Die Wirtschaft ist in vier Arten von Unternehmungen zu unterteilen:

1. Geld schöpfende Unternehmungen, wobei Geldschöpfung nicht nur durch Notenbanken, sondern auch durch das Leasing durch Grosskonzerne geschieht und durch das Erheben von Zins;

2. Abschöpfende Unternehmungen, welche obligatorische Abgaben wie Versicherungsprämien, Gebühren, Zinsen, Steuern erheben dürfen;

3. Monopolisten und Oligopolisten, welche ganze Vertriebs- und Beschaffungskanäle beherrschen (es handelt sich hier um eine Kategorie von Unternehmungen, welche oft aus den Kategorien eins und zwei stammen);

4. Wertschöpfende Unternehmungen, welche sich am Güter- und Dienstleistungsmarkt im Wettbewerb mit anderen Anbietern um Kunden bewerben.

In aufsteigender Reihenfolge tragen Unternehmungen dieser Kategorien unterschiedliche Verantwortung, wenn es um die Ausgestaltung eines als gerecht empfundenen Wirtschaftssystems und damit um das Beziehungsgeflecht zwischen den Menschen geht. Treten Unternehmungen der Kategorie eins bis drei mit Unternehmungen der Kategorie vier in Konkurrenz, dann handelt es sich offensichtlich kaum um eine faire Art von Wettbewerb. Der Zinsmechanismus bedeutet, dass die Kleinunternehmer aus Kategorie vier an die übrigen Unternehmungen – egal ob staatlich oder privat – Abgaben leisten müssen. So bezahlt beispielsweise ein Hotelier Versicherungsprämien an eine Versicherungsgesellschaft und wird von dieser dann wieder mit eigenen Hotels konkurrenziert. Da nützt es dem weniger Kapitalkräftigen wenig, noch schneller oder besser oder mehr zu arbeiten – im direkten Wettbewerb kann der Kleine nicht überleben. Oder wie es mit der Bâtigroup in der Schweiz geschehen ist: Da wurden Schweizer Bauunternehmer plötzlich von einer Grossbank konkurrenziert, welche eine eigene Baufirma gründete.

Es sind diese Abschöpfungsmechanismen, welche wir hinterfragen müssen. Wer nach weniger Steuern ruft, hat vergessen, dass alle an Private zu entrichtenden obligatorischen Abgaben (Zinsen, Prämien, Parkgebühren, Mieten usw.) ebenfalls eine Art Steuern darstellen. Wir müssen demnach nicht nur die staatliche Abschöpfung (Staatsquote), sondern auch die private Abschöpfung auf ihren Sinn überprüfen.

Dauert dieser Zustand des ungerechten und mit Monopolen und Kartellen verfälschten Wettbewerbs über längere Zeit an (und noch immer verlangen die Politiker aller Parteien von den Unternehmern noch mehr Wettbewerb), dann verlieren die Kapitalschwächeren auf jeden Fall gegen die Kapitalstärkeren. Und besonders stossend: Jungunternehmer haben überhaupt keine Startchancen und müssen mit »Almosen« und »Pseudoförderung« hochgepäppelt werden – statt dass sie sich in einem wirklich fairen Wettbewerb behaupten könnten.

Weil wir die Kapitalbesitzer durch die Arbeitslosenversicherung aus ihrer Verantwortung für den Gang der Konjunktur entlassen haben, wird diese Spirale weiter angekurbelt. Während also alle arbeitsabhängigen Angestellten und kapitalschwachen Kleinunternehmungen in gegenseitiger Solidarität die Arbeitslosen ernähren, kann Kapital beliebig weiter gehortet werden.

Mit der Arbeitslosenversicherung und dem Zins finanzieren immer weniger arbeitende Menschen diejenigen Menschen, die nicht arbeiten dürfen (unfreiwillige Arbeitslose und Rentner), sowie diejenigen Menschen, die für ihre Einkommen nicht arbeiten wollen oder müssen (Kapitalbesitzer). Wenn die Krise sich intensiviert, kauft sich das Kapital im Konkurs das Vermögen der Kleinunternehmer billig auf. Es gibt in der Schweiz mehrere Unternehmungen, welche professionell von dieser Art Geschäft (Aufkaufen von Konkursmasse) leben.

Jungunternehmer brauchen Arbeit – nicht Kapital

Problematisch an dieser Entwicklung ist die Tatsache, dass kommende Generationen durch das zunehmende Ungleichgewicht zwischen 20% Kapitalbesitzern und 80% Arbeitsabhängigen (dazu gehören auch die kapitalschwachen KMU-Unternehmer) die Möglichkeit verlieren, ohne Mäzenatentum (Almosen) ihre eigenen Geschäftsideen zu verwirklichen. So rufen heute alle nach »Venturecapital« (Risikokapital). Was Jungunternehmer jedoch wirklich brauchen, sind Aufträge – nicht Kapital. Mit Aufträgen machen wir sie zu unabhängigen Unternehmern, mit Kapital machen wir sie abhängig von den Kapitalgebern.

Wer an kommende Generationen denkt, sollte sich heute schon Massnahmen überlegen, wie im Sinne einer echten Demokratie (Generationenvertrag) das zunehmende Ungleichgewicht im Kräfteverhältnis von Grossunternehmungen (Kapitalkräftige) und Kleinunternehmungen (Arbeitsabhängige) eingedämmt werden kann. Was unseren Vorfahren dazu vor 150 Jahren in den Sinn gekommen ist, kann man am besten anhand des folgenden Zitates aus dem antiken Griechenland ablesen:

> *Viele Regierungen machen den Fehler, den Reichen zuviel Macht zu geben ... Es kommt eine Zeit, da aus etwas nicht wirklich Gutem etwas wirklich Böses wird, denn die Eingriffe der Reichen sind von zerstörenderer Wirkung für den Staat als die Taten des Volkes.* Aristoteles (384–322 v. Chr.)

Gerade die Reichen sollten sich bewusst und aus Eigennutz in ihrer Macht beschränken und aufhören, die Demokratien ihrer Machtmittel zu berauben.

Es hat über die letzten 2000 Jahre nie an mutigen Staatsmännern gefehlt, welche die Völker und ihre Herrscher immer wieder auf den richtigen Weg gewiesen hätten. Ein Land, das –

wie die Schweiz – so viel für die Aufarbeitung von historischen Ereignissen – auch aus dem zweiten Weltkrieg – und für das Bildungswesen ausgibt, täte gut daran, dieses Wissen aus aktuellem Anlass definitiv und unverfälscht in den Geschichtsbüchern zu verankern. Die jungen Menschen sind aus Eigeninteresse willens, dieses Wissen anzuwenden – so sie dieses Wissen von ihren Herrschern zugänglich gemacht erhalten. Wozu bilden wir sonst Wirtschaftsfachleute aus?

Auch der viel geschmähte Karl Marx hatte einen klaren Blick auf die Realität:

> *Der Unternehmer ist ein Arbeiter, der im Unternehmergewinn seinen Arbeitslohn verdient, der ihm vom Gewinn bleibt, nachdem ihm die Banken den Zins abgenommen haben, den der Unternehmer erst aus den Arbeitern herauswirtschaften muss. Insofern bildet der Unternehmergewinn keinen Gegensatz zur Lohnarbeit, sondern nur zum Zins.*
>
> Karl Marx, *Das Kapital,* »Unternehmergewinn und Zins«

Sie können leicht feststellen, dass sich Karl Marx keineswegs gegen das Unternehmertum oder gar den kapitalschwachen KMU-Unternehmer gestellt hat. Genau gleich wie auch Gottfried Keller (Seite 34) sich sehr wohl gerade für die Kleinunternehmer und den Mittelstand eingesetzt hat. Marx und Keller richteten ihre Kritik nicht auf Arbeitgeber und Arbeitnehmer. Sie kritisierten vor allem diejenigen, welche vom »arbeitslosen« Zinseinkommen lebten!

Was Sie auch einfach erkennen können: Schon die Griechen wussten zur Zeit von Aristoteles, dass eine demokratische Regierung keinesfalls das Geldsystem in private Hände legen sollte (privatus = der Herrschaft der Demokratie beraubt). Vergessen war dies nicht. Wir wissen ja, dass auch John F. Kennedy sich für genau dieses Anliegen eingesetzt hatte – bis er schliesslich aus bekannten Gründen keine Gelegenheit mehr dazu hatte.

Was kann die Uhr in der Frage um eine gerechte Wirtschaft beitragen?

Die Uhrenzeit ist ein sehr gut geeichter Kilometerzähler oder ein gut geeichtes Metermass, um Güter und Dienstleistungen auszutauschen. So wie wir uns beim Gütertausch des geeichten Meters, Kilogramms und Liters bedienen. Die Uhrenzeit ist konstant und nicht manipulierbar.

Im globalen Dorf kommen wir nicht umhin, die Uhrenzeit der Menschen ähnlich zu eichen, wie wir das wichtigste Mass im Gütertausch wieder neu eichen müssen: das Geld.

Geld wurde ursprünglich als Zwischenwertmassstab für zwei geeichte Masse wie Kilogramm, Liter und Meter festgelegt. Es ist deshalb kaum zu glauben, dass wir heute »flexible Wechselkurse« verwenden. Wenn wir heute täglich den aktuellen Wechselkurs in Form einer Kurve betrachten, dann ist dies das gleiche, als würden wir uns jeden Tag ansehen, wie schwer denn heute das Kilogramm, wie voluminös gerade der Liter oder wie lange der Meter gerade sei. Eine Währung flexibel zu eichen bedeutet, die Idee des Eichmasses ad absurdum zu führen. Ein Land, das sein Geld in einem flexiblen Wechselkurssystem integriert, sollte dieses Tauschmittel per Gesetz nicht mehr »Währung« nennen dürfen. Der Begriff »Währung« täuscht vor, dass es sich um geeichtes Geld mit »Gewähr« handelt, was bei den flexiblen Wechselkursen offensichtlich nicht der Fall ist.

Gerade das wichtigste Eichmass im Warentausch – das Geld – haben wir nach 1971 flexibel gemacht (Präsident Nixon kündigte im August 1971 einseitig den Goldstandard auf!). Dadurch konnte man an Börsen und Hedge-Fonds wieder mit Devisen handeln. Genau dies wollte man nach dem zweiten Weltkrieg durch den Goldstandard verhindern, denn im Devisenhandel obsiegt immer die grössere Nation mit der stärkeren Währung über die kleine.

Wir sollten uns also überlegen, wie wir in einer globalisierten (zivilisierten!) Welt die Uhrenzeit und das Geld neu eichen, so dass die Anwendung von Uhrenzeit und Stundenlohn uns dient und den Bedürfnissen der menschlichen Gesellschaft und ihrer Umwelt angepasst ist. Uhrenzeit und Geld müssen so aufeinander abgestimmt sein, dass die Mehrheit der Menschen im globalen Dorf diese beiden Eichmasse als gerecht und fair betrachtet.

Im Sinne des Generationenvertrages (Demokratie) sollte diese neue Eichung auch generationenübergreifend erfolgen – also alle Fragen der Altersvorsorge und Jugendarbeitslosigkeit mit einbeziehen.

Das globale Dorf muss sich die gleichen Fragen stellen wie die Stadtbewohner im Mittelalter: Wie wollen wir die Tauschmasse neu eichen?

Das globale Dorf muss aufwachen und dieselben Fragen stellen, welche sich die Bürger in mittelalterlichen Städten wie

London, Rom oder Zürich stellten. Damals begannen die Städte aller Regionen Europas, ihre Tauschmasse zu eichen. Die auch damals rasch wachsende Wirtschaft mit zunehmender Verflechtung und Arbeitsteilung erforderte die Einführung von Regelungen in den vier genannten Handlungsfeldern, insbesondere die Einführung geeichter Tauschmasse. Nur so war ein fairer, konfliktarmer und gerechter Handel möglich.

Zeitwirtschaft muss die Zeit der Uhren und die Zeit des Lebens in Einklang bringen

Es gab immer schon und wird vermutlich auch immer Unterschiede und Ungleichheiten in zwischenmenschlichen Beziehungen geben. Trotzdem ist es Aufgabe von Autoritäten – seien es Politiker, Funktionäre, Beamte oder Unternehmer –, zu versuchen, diese Ungleichheiten konfliktarm zu gestalten und gewaltfrei auszugleichen.

Dies ist schliesslich der Grund, weshalb Völker in Demokratien ihre Volksmacht an Autoritäten übertragen.

Zeitwirtschaft ist das Rechnen mit der Uhrenzeit; es ist also das Anwenden des kreisrunden Metermasses, das wir Uhr nennen, ergo nichts anderes als das Berechnen von Distanzen. Wir addieren, subtrahieren und multiplizieren Zeitintervalle, indem wir diese mit dem geeichten Wertmassstab Geld verbinden. Dies erleichtert den Austausch von Gütern enorm – gerade wenn die Mannigfaltigkeit und Verschiedenheit von Produkten und Dienstleistungen im globalen Dorf noch weiter zunimmt. Doch dürfen wir dabei nicht vergessen, dass wir mit der Uhrenzeit nur eine Abstraktion unserer Lebenszeit vornehmen. Diese

Abstraktion hat per se mit der Zeit des Lebens – unserer Seele – nichts zu tun. Also müssen wir aufhören, die Zeit des Lebens mit der Uhr zu verwechseln.

Politiker und Unternehmer müssen handeln – fehlgeleitete Strukturen korrigieren sich nicht von selbst

Die Tatsache, dass wir heute die Uhr als Instrument immer selbstverständlicher anwenden und diese gar mit der Zeit verwechseln, ist gefährlich und wichtige Ursache vieler gesellschaftlicher Probleme. Wir glauben zwar, eine Wissensgesellschaft zu sein. Was wir heute an den Schulen in Sachen Zeit und Uhren lehren, ist jedoch schlicht zu einer Art Missbildungswesen verkommen. Auch in Sachen Wirtschaftstheorien sind wir weit zurückgeblieben. Die oft unterschätzten Menschen des Mittelalters kannten – im Gegensatz zu uns – noch sehr genau den Unterschied zwischen der Zeit und dem Geld. Wir sind uns heute der oben dargestellten Grundlagen ökonomischer Organisation nicht mehr bewusst. Deshalb werden die auftauchenden wirtschaftlichen Probleme in einer endlosen Liste von Sozialkonflikten verschiedenster Sozialpartner in Form von heftigen Konflikten und Schuldzuweisungen zum Teil verbal, aber zeitweise auch in gewaltsamen Auseinandersetzungen ausgetragen. Grosse Orientierungslosigkeit und gleichzeitig Perspektivenlosigkeit herrscht bei jenen Menschen, welche Verantwortung tragen und redlich bemüht sind, den berechtigten Ansprüchen aller Gruppen gerecht zu werden. Würden die Ärzte in den Spitälern mit ähnlich falschem und ideologiebehaftetem Wissen an ihren Patienten herumpfuschen, verzeichneten wir eine unglaublich hohe Sterblichkeitsrate. Mit undemokratischen Ideologien und Wirtschaftstheorien werden wir die Probleme kaum lösen können.

Falsche Wirtschaftstheorien führen zu Orientierungslosigkeit

Wer Verantwortung trägt für die Verbreitung von Wirtschaftstheorien, müsste aufgrund des Schadens, den diese Theorien anrichten könnten, die gleichen Kriterien und Prüfungen erfüllen, welche wir bei der Verbreitung von Heilmethoden oder Arzneimitteln in der Humanmedizin anwenden. Es ist unabdingbar, dass wir die heute gängigen wirtschaftlichen Glaubenssätze auf ihren Sinn überprüfen: Wachstum, Wettbewerb, Deregulierung, Going public, Privatisierung, Allianzen usw.

Durch die Verbindung der Uhrenzeit mit dem Tauschmassstab Geld haben wir das Leben der Menschen dem Einfluss von Inflation, Deflation und anderen wirtschaftlichen Abhängigkeiten unterworfen. Diese Abhängigkeit der Menschen (-Leben) vom Gang der Wirtschaft (Konjunktur), der wir nicht mehr entrinnen zu können glauben, wurde durch die jüngsten Exzesse der Globalisierung noch intensiver spürbar.

Um sich die Existenz zu sichern, haben Menschen in früheren Zeiten die Getreidespeicher erfunden. Sie wollten sich damit unabhängig machen von schlechten Witterungseinflüssen. Diese Getreidespeicher wurden jüngst in globalen Finanzmärkten durch das Internet neu organisiert. Die Abhängigkeit der Menschen vom Gang der Wirtschaft wurde dadurch noch schwieriger zu handhaben. Sie wird als noch grössere Bedrohung wahrgenommen als damals, als noch alle Nationen als lokale Volkswirtschaften zusammenarbeiteten.

Zentral geführte Getreidespeicher und die Tatsache, dass diese über Zins, Leasing und Spekulation wachsen und unsicher werden, entfremden die Idee des Geldspeichers seiner Funktion. Die lokalen Arbeitslosenversicherungen vermögen die Schäden nicht mehr aufzufangen, welche der ungebändigte und unkontrollierbare globale Finanzmarkt verursacht. Versicherungen, als eine Art Geldspeicher für schlechte Zeiten, können in einem solchen Geldsystem keine Sicherheit mehr bieten. Sie verbreiten selbst zunehmend Unsicherheit. Die Menschen, welche solche Institutionen führen, sind weder bessere noch schlechtere Menschen als alle anderen: Sie sind gefangen in einem System, welches in dieser Art schlicht nicht lebenstauglich ist. Alle spüren wir, dass etwas nicht mehr stimmt. Nur schwer können wir aber ausdrücken, was es ist. Der jüngste Höhenflug des Ölpreises zeigt einmal mehr, wie ungeniert das mächtige Weltkapital seine Machtstellung zur Spekulation ausnützt, ohne jede Rücksicht auf das Wohlergehen der Menschen.

Demokratien brauchen Grenzen – nur so werden sie zu Paradiesen

Heute leben Bürgerinnen und Bürger aller Kontinente ohne jeden Unterschied in einem globalen Markt, dem man jede Landesgrenze und Zeitzone und damit jeden Schutz entrissen hat.

Die einzelnen Paradiese – per Definition nichts anderes als ein durch einen Zaun begrenzter Obstgarten – bestehen nicht mehr.

Lesen wir aber die Erzählung vom Paradies sorgfältiger, dann sehen wir, dass Arbeit hier als ein Wesenselement menschlichen Lebens aufgefasst ist. Sogar das Wort »Paradies«, ein persisches Lehnwort mit der Bedeutung »umzäunter Obstgarten«, ist ein starkes Symbol für menschliche Arbeit. Mitten in diesen Garten hinein sind die Erdlinge geschaffen worden, um ihn als arbeitende Geschöpfe »zu bauen und zu bewahren« und auf diese Weise sich selbst am Leben zu erhalten. Arbeitend entäussern wir uns nicht nur selbst, sondern gleichzeitig schaffen und erhalten wir uns selbst.[9]

Es ist offensichtlich, dass die hier dargestellte Definition von Arbeit eine ganz andere ist als jene, wie sie die katholische Kirche 1891 (Sozialenzyklika *Rerum Novarum,* Seite 26) definiert hat. Entscheiden Sie selber, welche Definition der Idee von Demokratie und gelebter Solidarität besser entspricht.

Durch den Euro und andere Währungssysteme entstanden aus lokalen Volkswirtschaften Kontinentalwirtschaften. Trotzdem lehren wir unsere jungen Ökonomen an den Schulen noch immer »Volkswirtschaftslehre«, derweil die Volkswirtschaft durch den Euro zu einer Kontinentalwirtschaft, ja gar Suprakontinentalwirtschaft angewachsen ist. In einer Zeit, in der Geld nur noch elektronische Information auf einem Computer darstellt, können Milliardenbeträge in Sekundenschnelle um den Globus verschoben werden. Deshalb beklagen Politiker und Bürger weltweit, immer mehr auf Gedeih und Verderben dem Einfluss von Wirtschaftsproblemen weit entlegener Regionen ausgeliefert zu sein. Es fehlen ihnen heute schlicht die

[9] Dorothee Sölle, *Lieben und Arbeiten. Eine Theologie der Schöpfung,* 2001, S. 108.

Machtmittel, mit welchen sie die Krisen meistern können. Demokratie meint jedoch ursprünglich, dass das Volk (der Demos) die wichtigsten Machtmittel selbst (direkt) oder intermediär (indirekt) durch seine Stellvertreter (Politiker) kontrolliert. Aus dieser Sicht kommt es einem Witz gleich, die heutige Situation noch eine demokratische zu nennen. Wenn der Stadtpräsident einer Stadt nicht mehr für seine Bürger sorgen kann, aber noch eine Geldsammlung für weit entfernte Regionen organisiert, dann herrscht Feudalismus – nicht Demokratie.

Ausverkauf der Heimat als Mittel zur Wirtschaftsförderung

Jede Gesellschaft – so auch das globale Dorf – regelt durch die Ausgestaltung der genannten vier Handlungsfelder das Konfliktniveau ihrer Mitglieder. In einer auf GATT/WTO basierten globalen Handelsgesellschaft wird Geld zur wichtigsten Waffe zur Eroberung von Ländereien. Man kann alles kaufen. Wozu also noch Armeen führen und Ländereien mit Waffen verteidigen, wenn man diese gegen fremdes Geld nicht mehr verteidigen kann? Wozu soll sich ein Land eine Staatsverfassung geben und eine Armee führen, wenn es kein Territorium und keine Steuerhoheit mehr zu verteidigen hat?

Die *Neue Luzerner Zeitung* berichtet am 7. Oktober 2004, dass Luzerner Grundstückbesitzer intensiv nach Immobilienkäufern aus Russland und den Arabischen Emiraten suchen. Das Schweizer Fernsehen berichtete von Schweizer Bürgern, die aus St. Moritz wegziehen mussten, weil sie ihre Mieten nicht mehr bezahlen konnten! Mit unserer Landwirtschaft (Emmi) wollen die Schweizer Bauern an die Börse. Was früher Ausverkauf der Heimat hiess, nennen die Politiker und Wirtschaftsverbände heute Wirtschaftsförderung und Ansiedlungspolitik (Siehe Seite 41f. – die Worte sind falsch). Während wir in der Schweiz ausländisches Kapital ansiedeln, ziehen unsere Kapitalbesitzer mit ihrem Kapital (oder ist es unseres?) ins Ausland. 300 000 Industriearbeitsplätze wurden abgeschafft – und mit ihnen 30 000 Lehrstellen, welche uns nun zur Ausbildung der Jungen fehlen. Diese Arbeitsplätze fehlen uns heute auch, um das von allen Wirtschaftsverbänden und Wirtschaftsprofessoren geforderte Wirtschaftswachstum zu ermöglichen. Früher lernten wir Fremdsprachen, damit wir uns auf Reisen in fremden Kulturen mit Einheimischen unterhalten konnten. Heute lernen wir Englisch, damit ausländische Investoren und Konzernmanager, welche zu uns kommen, nicht mehr Deutsch lernen müssen. Sie müssen unsere Kultur nicht mehr annehmen. Tun wir doch nicht so, als würde sich die UNO plötzlich um das Wohlergehen unserer eigenen Kinder und deren Fremdsprachenkenntnisse kümmern. Wir tun gut daran, uns selbst zu überlegen, was unseren Kindern tatsächlich guttut. Diese Art der Globalisierung ist weder demokratisch noch föderalistisch. Sie ist aristokratisch, feudalistisch und kolonialistisch!

Wenn Ländereien mit Geld erworben statt mit Waffen erobert werden können, ist es um so wichtiger, weltweite Regeln zu etablieren, welche festlegen, mit welchen Methoden Geld verdient werden darf – und mit welchen nicht.

Es gibt eine kollektive Verantwortung, Zeit- und Raumgrenzen zu definieren

Sobald Fragen über die Überbrückung von Distanzen und Raum diskutiert werden, ist die Frage nach der uhrenzeitlichen Ausgestaltung gestellt. Uhrenzeit ist das Hilfsmittel, mit dem wir Distanzprobleme und Raumprobleme überbrücken.

Die zunehmende Anzahl und die gleichzeitige Intensivierung weltweiter Konflikt- und Unruheherde zeigen auf, dass es noch nie so wichtig war wie heute, dass wir uns den Fragen der Ausgestaltung des Beziehungsgeflechtes zwischen Menschen stellen – durch Raum- und Zeitstrukturen.

Das Konfliktniveau zwischen unterschiedlichen sozialen Gruppen und Nationen führt uns immer mehr in einen Zustand maximaler Verwirrung. Reich und Arm tragen diese Verwirrung in einer immer länger werdenden Liste von Konflikten aus: Männer kämpfen gegen Frauen, Christen gegen Islamisten, Nationalisten gegen Ausländer, Arbeitnehmer gegen Arbeitgeber, Beamte gegen Manager von Privatkonzernen. In diesen Kämpfen zerstören die einzelnen Gruppen ihre Familien, ihre Unternehmen und ihre Nationen! Statt sich zu fragen, was am System falsch ist, suchen wir alle nach guten und schlechten Tugenden (Motto: jetzt brauchen wir aber wieder eine neue Ethik), oder wir suchen nach guten oder schlechten Menschen, nach Schuldigen oder weniger Schuldigen. Diese Art der Problembewältigung wird das Konfliktpotential noch erhöhen. Mit Sicherheit aber wird sie nicht zu einer konfliktfreien Lösung führen – gewalttätige Auseinandersetzungen sind vorprogrammiert. Es gibt eine kollektive Verantwortung, welche von Politik und Wirtschaft wahrzunehmen ist!

Die Globalisierung der direkten Demokratie als Ausweg

Die Anwendung zeitgenössischer Einsichten und das Verständnis von längst bekannten und bewährten Regelungen in früheren Gesellschaften enthalten wertvolle Hinweise dafür, wie wir unsere heutigen Probleme lösen und unsere Staatsgeschäfte besser führen könnten.

Die Schweiz ist in dieser Hinsicht besonders privilegiert. Sie ist 250 Jahre nach J. J. Rousseau und Montesquieu noch immer das einzige UNO-Mitglied mit direkter Demokratie. Bei uns gibt es noch immer fast alle direkt demokratischen Institutionen und Strukturen, wenigstens ihrem Namen nach. Wir müssen sie nur wieder leben und – statt Geld und Konzerne zu globalisieren – die direkte Demokratie über die UNO globalisieren. Diese Art der Globalisierung der direkten Demokratie wird ganz andere Wirkungen hervorbringen als das, was wir bisher mit der freien Machtwirtschaft (Entschuldigung, es sollte wohl Marktwirtschaft heissen) erreicht haben.

Es nutzt nichts, nach »corporate governance« zu rufen, wenn wir nicht wissen oder vergessen haben, aus welchem Grund unsere Urahnen die Strukturen in unserer Demokratie so gelegt haben, wie sie vor kurzem noch vorhanden waren. Falsche Landkarten der Wirtschaft und falsche Feindbilder sind über Bord zu werfen, wenn wir das System Wirtschaft und Gesellschaft in den Griff kriegen wollen.

Geldprobleme und Zeitprobleme sind von ihrer Natur her Beziehungsprobleme zwischen Menschen und sozialen Gruppen. Sie entstehen meist aus den genannten vier Handlungsfeldern heraus. Nicht der Markt steuert die Wirtschaft – sondern das Geld. Die viel zitierte »unsichtbare Hand«, welche die Wirtschaft gemäss Adam Smith durch Angebot und Nachfrage steuert, ist keine göttliche. Sie ist am verlängerten Arm jener Macht angesiedelt, welche das Recht hat, Geld zu drucken und Zinsen (Zehnten, Steuern) zu erheben. Eine Gesellschaft, welche in dieser Häufigkeit und Anzahl Zeitprobleme und Geldprobleme wälzt, tut auf jeden Fall gut daran, das Beziehungsgeflecht zwischen ihren Mitbürgerinnen und Mitbürgern zu überprüfen, indem sie die Hemmungen im Regelwerk der genannten vier Handlungsfelder einer sachlichen Analyse unterzieht.

Wenn eine Gesellschaft Ich-bewusst wird, das heisst sich ihrer internen Strukturen und Instrumente sowie deren Funktionsweise bewusst wird, besteht die Möglichkeit, bessere und konfliktärmere Beziehungsgeflechte herzustellen – ja eine Art Commonwealth of Nations (Wohlstand der Nationen) zu etablieren, genau so, wie sich die UNO dies vorstellt.

Demokratie heisst nicht, dass die Bürgerinnen und Bürger alle paar Wochen an einer Abstimmung ihre Meinung abgeben oder sich an einer Wahl beteiligen. Demokratie heisst, dass das Volk oder seine Stellvertreter die wichtigsten Machtmittel, mit welchen das Zusammenleben in einem Staatswesen geregelt ist, entweder direkt oder indirekt kontrollieren.

Auf lange Sicht würde man erkennen, dass die Geldmacht viel tiefer dringt als die drei anderen staatlichen Befugnisse. Die Geldmacht sollte sich (neben Legislative, Exekutive und Judikative) zur vierten Macht im Staat entwickeln, ohne dabei ihren heutigen Einfluss und ihre Bedeutung für das tägliche Leben der Bürger zu verlieren. In einem gewissen Sinne ist sie dies schon heute, allerdings mit dem Unterschied, dass die jetzigen Inhaber der Geldmacht hauptsächlich für ihren eigenen Profit und nicht zum Wohle der Allgemeinheit handeln.[10]

Arbeitsteilung, Geldsystem, Telekommunikation, Medien, Energieversorgung und öffentlicher Verkehr sind zu gewaltige Machtmittel, als dass wir deren Anwendung in einer Demokratie Privaten überlassen dürfen. Sind diese Machtmittel in privaten Händen, dann haben sich diese Privaten genau gleich wie Beamte, Funktionäre oder Politiker an die gleichen staatsrechtlichen Maximen zu halten.

Wer kraft Gesetz oder Marktmacht automatische Geldströme an sich bindet, geht gegenüber der Gesellschaft eine grosse Verpflichtung ein. Erst recht trägt Verantwortung, wer das Recht zum Schöpfen von Geld nach alchimistischem Prinzip kraft Gesetz zugesprochen erhält. Diese Institutionen und nur diese sind für die gerechte Versorgung der Wirtschaft mit Geld verantwortlich [geografisch, demografisch und soziografisch]. Liegt dieses Recht in privaten Händen, darf nicht der demokratische Rechtsstaat zum Sozialausgleich privater Versäumnisse verantwortlich gemacht werden. *Kleptokratisches Manifest*, S. 7 (www.ivomuri.ch)

Rudolf Weber-Fas formuliert dies in seinem Buch über die Staatsgewalt wie folgt: »Um Staaten von grossen Räuberbanden zu unterscheiden, hat sich die hoheitliche Gewalt an klaren rechtsstaatlichen Prinzipien zu orientieren.«[11] Diese Maxime muss auch für Private gelten, wenn sie staatshoheitliche Aufgaben übernehmen.

Sonnenkönige sollten die Legitimation ihrer Macht hinterfragen – es könnte sein, dass sie die mit ihrer Macht einhergehende Verantwortung schlicht nicht tragen können

Führungskräfte aller Überzeugungen, seien sie Demokraten oder Republikaner, Sozialisten oder Kapitalisten, Könige, Manager, Priester oder Despoten – sie alle bedienen sich der gleichen Machtmittel, um das Beziehungsgeflecht zwischen jenen Menschen zu regeln, welchen sie als Führungskräfte vorstehen. Es ist nutzlos, über gute oder schlechte Menschen oder Führer zu sprechen, genau gleich, wie es nutzlos ist, über Pro und Kontra von politischen Theorien zu diskutieren. Wir müssen einfach alle Führungskräfte aller Arten von Gesellschaften und Nationen über die Verantwortung in Kenntnis setzen, welche mit der Führungsmacht verbunden ist, die wir ihnen anvertraut haben. Sie würden dann vielleicht die Macht, die sie besitzen, selbst in Frage stellen, weil sie selbst feststellen, dass sie unmög-

[10] Stephen Zarlenga, *Der Mythos vom Geld – die Geschichte der Macht,* 1999, S. 442

[11] Rudolf Weber-Fas, *Über die Staatsgewalt,* 2000, S. 3

lich die Verantwortung für diese Macht tragen können. Kapital verpflichtet – es ist gesellschaftlich gut anzuwenden.

Je mehr sich zentrale Machthaber auf weit entfernt handelnde Vasallen (Manager/Funktionäre/Beamte/Vögte) verlassen müssen, desto mehr entgleitet ihnen die Kontrolle darüber, ob diese Funktionsträger ihre Regierungsgeschäfte im Sinne des guten Herrschers ausüben. Darunter leiden immer die Menschen, welche irgendwo vor Ort leben. Das ist so im Kommunismus, im Kapitalismus – aber auch in einer Demokratie.[12] Lesen Sie dazu die Geschichte von Willhelm Tell.

Die direkte Demokratie scheint definitiv die geeignetste Staatsform zu sein, weil sie es unterdrückten Völkern ermöglicht, entweder die Staatsgeschäfte direkt (selbst) zu führen oder gewaltfrei despotische Herrscher (Gewaltherrscher) abzuwählen.

Es scheint jedoch unabdingbar zu sein, dass echte Demokratien nur in kleinen geografischen Räumen mit klaren Grenzen möglich sind. Paradiese sind kleinräumig eingezäunte Obstgärten, in welchen die Zäune Schutz bieten – jedoch keine Gefängnisse darstellen. Ein Schweizer Unternehmer hat am WEF in Davos zu Protokoll gegeben, er sei halt ein Unternehmer, der ein Reich beherrsche, in welchem die Sonne nicht untergehe. Wir hatten vor ein paar hundert Jahren weisere Staatsmänner und Vordenker, welche uns empfohlen haben,

[12] Erich Fromm hat 1960 in seinem Buch *Es geht um den Menschen* die Kombinate der stalinistischen Wirtschaft in der damaligen UdSSR mit den Grosskonzernen in den USA verglichen. Er hat einwandfrei bewiesen, dass die soziologische Struktur eines Grosskonzerns genau die gleiche ist wie jene eines Kombinats: Manager, Funktionäre und Beamte sind soziologisch identische Persönlichkeiten!

den Zaun nicht zu weit zu stecken. Wir sollten uns wieder nach solchen Maximen orientieren – auch wenn sie heute nicht mehr zeitgemäss erscheinen. Einen Zaun zu haben heisst nicht, sich abzuschotten und Gefängnisse zu bauen. Es heisst vielleicht einfach, auch anderen ihren eingezäunten Obstgarten zu überlassen und ihnen nicht im Gemüse herumzutrampeln. Für Konzern- und Regierungschefs heisst dies: andere Länder nicht kolonialisieren sowie sie in Freiheit, Ruhe und Würde leben lassen. Eine Reise um den Globus, in dem wir uns von einem intakten und gepflegten Obstgarten zum anderen frei und unbehelligt bewegen können – das könnte doch das Paradies auf Erden sein. Es ist zu vermuten, dass zentrale Kontrolle der falsche Ansatz ist, denn Ausbeutung, Korruption und Ineffizienz sind allen zentral geführten Systemen inhärent. Föderalismus ist – gerade im globalen Dorf – dagegen ein struktureller und organisatorischer Imperativ. Und grosse Konzerne sollten daran gemahnt werden, dass mit dem Recht, in einen Obstgarten Ware zu liefern, auch die Pflicht einhergeht, die ökologischen und sozialen Folgekosten in der eigenen Buchhaltung mitzuführen. Heute werden diese Kosten an die demokratischen Rechtsstaaten ausgelagert. Findige Wissenschafter wie der ETH-Ingenieur Walter Lentzsch aus Zürich propagieren seit Jahren ungehört die »Tripelbudgetierung«, welche Unternehmungen ab einer gewissen Grösse aufzwingt, die ökologischen und sozialen Folgekosten zu tragen (vgl. www.oekopolis.ch).

Schlussfolgerung

Wir können festhalten, dass Zeit – verstanden als die vierte Dimension – unmöglich das gleiche sein kann wie die Uhrenzeit. Die Uhrenzeit ist zwar wichtig für die Organisation und Definition von Beziehungsgeflechten zwischen Menschen. Sie hat jedoch nichts mit Zeit zu tun, weil sie per Definition nichts anderes ist als Raum oder Bewegung im Raum. Doch gerade weil Uhrenzeit ein Raummass ist, kann sie uns helfen, zwischenmenschliche Beziehungen im Raum zu regeln!

Zeit – verstanden als vierte Dimension – muss ausserhalb des Raumes sein. Ausserhalb der anderen drei Dimensionen, welche wir als Materie mit unseren Augen, Nasen und Ohren wahrnehmen.

Trotzdem ist es unsere Seele oder Lebenszeit – unsere Psyche –, welche unter Druck kommt, wenn wir mit der Uhrenzeit so umgehen, wie wir es heute tun – in immer weniger Zeit immer mehr Dinge erledigen zu wollen.

Es sollte jetzt auch klar sein, weshalb Physiker die Uhrenzeit als relativ beschreiben. Sie ist relativ, weil sie als Teil der drei Dimensionen im Raum definiert wurde. Und wir wissen ja intuitiv (gefühlsmässig), dass zwei Körper, die sich im Raum bewegen, sich relativ zur jeweiligen Geschwindigkeit des anderen Körpers bewegen. Der Begriff »relativ« zeigt aber auch, dass die Uhrenzeit eine Relation – also eine Beziehung – zwischen zwei im Raum befindlichen Körpern darstellt. Weil Menschen sich im Raum bewegen, können sie auch ihre Beziehung (Relation) über die Uhrenzeit gestalten.

Alle Verbindungen zwischen Uhrenzeit und Raum resultieren direkt aus der Definition der Uhrenzeit. Es gibt deshalb wohl keinen grossen Unterschied, ob wir Räume planen, definieren, gestalten und füllen oder ob wir das gleiche mit unserer Agenda tun. Ein Zeitexperte oder Zeitberater ist nichts anderes als eine Art Architekt, der Zeitstrukturen und Zeitpläne entwirft, so wie Architekten Räume planen und gestalten.

Wenn wir die Gegenwart wahrnehmen, uns an die Vergangenheit erinnern oder die Zukunft planen, arbeiten wir gleichsam mit den drei Raumdimensionen.

Wenn wir Herr unserer Zeit werden wollen, ist es sehr wichtig, diesen Zusammenhang zwischen Uhrenzeit und Raum zu kennen. Die Uhrenzeit ist direkt mit der Lebenszeit gekoppelt; die Art, wie wir mit der Uhrenzeit umgehen, beeinflusst unsere Lebenszeit. Die Beziehung zwischen der Uhrenzeit und unserem materiellen Körper ist die gleiche wie die Beziehung zwischen der Zeit und unserer Seele. Wenn wir nach der Zeit – verstanden als vierte Dimension – suchen, dann müssen wir zuallererst aufhören, die Uhrenzeit mit der Zeit des Lebens zu verwechseln, genauso wie wir unterscheiden müssen zwischen den Bedürfnissen unseres Körpers und den Bedürfnissen unserer Seele. Eine Zeitwirtschaft, welche diese wichtige Beziehung, aber auch die Unterschiedlichkeit zwischen der Uhrenzeit und der Zeit des Lebens berücksichtigt, wird uns die richtigen Lösungen geben für viele der grössten Probleme, welche die Menschheit im globalen Dorf heute zu beklagen hat. Die Uhr kann nichts dafür, wenn wir mit unserer Zeit falsch umgehen oder gar falsche gesellschaftliche Regulative zur Steuerung der zwischenmenschlichen Beziehungen angewendet haben. Viele Probleme, die wir heute als Zeitprobleme wahrnehmen, müssen in anderen Handlungsfeldern gelöst werden. Die Uhrenzeit könnte allerdings durchaus als geeichter Wertmassstab zur Neudefinition zwischenmenschlicher Beziehungen in allen vier Handlungsfeldern herangezogen werden. Dazu ist sie alleine schon deshalb geeignet, weil sie uns die Anzahl Lebenskilometer (Lebensjahre) vorgibt, die wir mit anderen Menschen gemeinsam als »(Uhr)Zeitgenossen« im Raum verbringen: von der Jugend bis ins Alter.

Durch geschickte Geld- und Zeitstrukturen lassen sich heute viele Dinge regeln, wenn wir uns die Mechanismen und Wirkungsweise solcher Regelungen auf das Beziehungsgeflecht von Menschen bewusst machen – innerhalb von Familien (Generationenkonflikte), innerhalb von Unternehmungen (Arbeitskonflikte) und innerhalb von Demokratien (Sozialkonflikte zwischen unterschiedlichen Gruppierungen). Zeitprobleme und Geldprobleme, wie sie in der heutigen Intensität auftreten, können unmöglich durch die Individuen und durch den Appell an die persönliche Vernunft des einzelnen korrigiert werden. Viele »Zeitberater« treten hier als »falsche Heilbringer« auf, weil sie – wenn überhaupt – nur Symptome bekämpfen, aber die Ursachen nicht angehen.

Politiker und Wirtschaftsführer tragen in bezug auf Zeitprobleme und Geldprobleme eine kollektive Verantwortung. Sie dürfen sich nicht hinter dem Egoismus oder den »gesellschaftlichen Trends« verstecken, welche sie in den vergangenen Jahren selbst provoziert haben. Politiker machen sich lächerlich, wenn sie immer wieder gewählt werden wollen, um dann nach der Wahl den Bürgern und Bürgerinnen zu erklären, dass man sowieso nichts ändern könne, dass es halt schwierig und immer schon so gewesen sei, dass es Ungerechtigkeiten gab.

Es gibt eine kollektive Verantwortung, welche durch die Führungskräfte in einzelnen Unternehmungen und ganzen Gesellschaften zu tragen ist. Das globale Dorf braucht nebst vielen Regelungen auch die richtigen Zeitstrukturen, Geldstrukturen, Kommunikationsstrukturen und Verkehrsstrukturen, mit denen Menschen ihr Zusammenleben organisieren können. Wenn in der Schweiz Hühner aus China billiger angeboten werden als Hühner aus der eigenen landwirtschaftlichen Produktion, dann ist dies keinesfalls der Dummheit oder gar der Faulheit der Schweizer Bauern anzulasten. Was hier fehlt, sind die Regulative, mit welchen der Staat und die Politiker ihre Verantwortung in einer Demokratie wahrnehmen. Es ist Aufgabe der Politiker, das Konfliktpotential zwischen den Menschen durch eine geschickte Staatsführung zu minimieren. Genau aus dieser Verantwortung heraus haben die Bürger in den Städten im Mittelalter gehandelt, als sie ihre verschiedenen Masseinheiten geeicht sowie Glocken und Turmuhren erfunden und Schutzzölle eingeführt haben.

Wenn die Menschen – egal welcher Region – für ihre eigenen Familien und Freunde vor der Haustüre nicht mehr sorgen können, dann ist dies ein untrügliches Zeichen, dass Feudalismus und nicht Demokratie herrscht. In einer Demokratie gibt es keine Massenarmut und keine Massenarbeitslosigkeit. Alle Gesetze der Wirtschaft sind durch Regelungen und Mechanismen in den wichtigsten vier Handlungsfeldern Geld, Telekommunikation, Verkehr und Arbeitsteilung geregelt. Alle diese Gesetze haben nichts Göttliches, sie sind vom Menschen gemacht. Wir können sie alle heute schon ändern, wenn sie uns nicht mehr dienen.

Wir können Zeitprobleme nicht abschaffen, indem wir die Uhren abschaffen. Genau gleich, wie wir Geldprobleme nicht lösen können, indem wir das Geld abschaffen, oder Umweltprobleme lösen, indem wir die Umwelt ausser Betrieb setzen. Es ist nicht die Uhrenzeit, welche unser aller Leben unterdrückt. Es sind die fehlenden Hemmungen und Regulative in anderen Handlungsfeldern, welche wir überprüfen müssen.

Mit der Globalisierung haben wir versucht, Konflikte zwischen Nationen zu lösen, indem wir Landesgrenzen abschafften. Es dürfte inzwischen jeder gemerkt haben, dass auch dies nicht geht! Wer nicht den Mut hat, bis zur Quelle der Probleme zu gehen, wird nur suboptimale Lösungen finden. Wer Grenzen auflöst oder Brücken baut, muss zuerst das soziale Beziehungsgeflecht auf beiden Seiten des Zaunes ausgleichen. Wer dies versäumt, handelt als Politiker grobfahrlässig und nimmt eine Intensivierung der Konflikte mit allen tragischen Folgen – wie wir sie heute erleben – in Kauf!

Ich freue mich ausserordentlich, mit verschiedenen sozialen Gruppen, seien es Unternehmer, Wissenschafter, Politiker oder Vordenker aller Überzeugungen und Glaubensrichtungen, zusammenzuarbeiten und zu forschen: in der Hoffnung auf eine bessere und ideologiefreie Zukunft für uns alle.

Zeit ist nicht Geld.
Zeit ist nicht die Uhr.
Zeit ist Leben.

Herzlichen Dank, dass Sie die Aktivitäten des Institutes Zeit & Mensch unterstützen.

Noch nie war unser Wirken so wichtig wie heute.

Ivo Muri

Nachwort

Was ist zu tun?
Die richtigen Fragen stellen – statt Feindbilder zu zementieren oder neue Ideologien zu erfinden

Ich habe das Manuskript dieses Buches vor der Veröffentlichung einigen Freunden vorgelegt.

Die Rückmeldungen gingen vielfach in die Richtung, dass die Gedanken sehr anregend seien. Oft kam auch die Rückmeldung, dass es zum Schluss leider keine konkreten Handlungsanweisungen gebe.

Dass ich am Ende dieses Buches keine konkreten Handlungsmöglichkeiten aufliste, hat einen wichtigen Grund: Ich bin fest davon überzeugt, dass es viel wertvoller ist, die Menschen zum Denken anzuregen. Nur wenn die Menschen selbst denken, werden sie wirklich frei. Nur wer selbst denkt, findet eigene Vorstellungen und Handlungsweisen, die zum Erfolg führen können.

Jede konkret vorgegebene Handlungsanweisung birgt die Gefahr in sich, dass diese zu einer neuen Ideologie wird. Und an Ideologien und Feindbildern mangelt es unserer Gesellschaft nun wahrlich nicht. Wer also nicht einfach nach Schuldigen suchen, sondern das System Gesellschaft und Wirtschaft in eine menschenzentrierte Richtung weiterentwickeln möchte, der sollte selber verstehen können, mit welchen Parametern und Mechanismen das Beziehungsgeflecht zwischen Menschen geregelt und beeinflusst werden kann. Politikerinnen und Politiker, welche dies nicht verstehen, sollten wir nicht mehr wählen.

Für alle, die im Buch noch zu wenig Anstoss zu eigenem Denken erhalten habe, formuliere ich zum Schluss gerne einige Fragestellungen. Ich bin gespannt, welche Lösungsansätze Sie selbst daraus entwickeln.

Wenn es mir gelungen ist, Sie zum selbständigen Denken anzuregen, dann war es wert, dass Sie dieses Buch gelesen haben. Und wenn Sie dadurch selbst zu Ihren eigenen Lösungen kommen, dann bereiten Sie mir eine grosse Freude.

Es wäre schön, wenn die Menschen aus purem Eigeninteresse erkennen würden, welches Verhalten und welche Strukturen uns nationen- und generationenübergreifend ein Zusammenleben in Frieden und Freiheit ermöglichen könnten. Die Herrscher der Welt haben dies mit der jüngsten Globalisierungswelle versucht. Es könnte sein, dass Sie in meinem Buch ein paar Hinweise finden, warum dies mit den heute angewendeten Methoden und Strukturen nicht gelingen wird.

Es chont scho guet – wenn mers guet mached.

Herzlich,

Ivo Muri

1. *Geld und Wert*

Die Herrscher über das Geldsystem haben vor 30 Jahren den Goldstandard abgeschafft. Sie haben gesagt, dass sich Gold zur Eichung einer Währung nicht eignet. Seither haben wir flexible Wechselkurse.

- Kann Geld ohne Eichung ein faires Tauschmittel sein?
- Was könnte das neue Eichmass und wer der neue Eichmeister sein?
- Würde sich zum Beispiel die Uhrenzeit dazu eignen?
- Welche anderen Eichmasse gäbe es neben dem Beispiel der Uhrenzeit für den Warentausch in einer globalen arbeitsteiligen Gesellschaft?
- Was würde es für den Welthandel konkret bedeuten, wenn wir die Stundenlöhne weltweit eichen würden?
- Was bedeuten flexible Wechselkurse für die Spekulation mit Devisen?
- Was bedeuten flexible Wechselkurse für Menschen, die durch Arbeit ihr Geld verdienen müssen?

2. *Zins und Wachstum*

- Kann es sein, dass die Wirtschaft nur deshalb dauernd wachsen muss, weil das Getreide im Getreidespeicher (unser Geld auf den Banken) über den Zins aus sich selbst heraus wächst, ohne zu arbeiten?
- Was würde die Aufhebung des Zinses für die arbeitende Bevölkerung (alle, die am Sozialprodukt mitarbeiten) bedeuten?

- Wer würde dadurch wie stark belastet und wer würde dadurch wie stark entlastet?
- Der Regelmechanismus des Zinses könnte für die Steuerung einer Volkswirtschaft sinnvoll sein. Welche Regeln müssten wir in einem zinsbasierten Wirtschaftssystem dem Zins geben, damit dieser einen Generationenvertrag (Demokratie) ermöglicht und das Wirtschaftssystem nicht in regelmässigen Zyklen zum Kollaps bringt?

3. Spekulation und Börse

- Was würde geschehen, wenn wir die Spekulation mit Aktien, Devisen (Fremdwährungen) und Rohstoffen morgen verbieten würden?
- Brauchen wir diese Einrichtungen, um zu wirtschaften?
- Wem nützen diese Einrichtungen, wem schaden sie?
- Wer hat Macht über diese Institutionen?

4. Speichern der Vorräte

Von der Analogie ausgehend, dass Banken und Versicherungen in unserer heutigen Gesellschaft die gleiche Funktion haben wie im alten Ägypten die Verwalter der Getreidespeicher, stellen sich die folgenden Fragen:

- Wem gehören diese Getreidespeicher?
  Gehören sie den Besitzern des Getreidespeichers (Aktionären), den Verwaltern des Getreidespeichers (Manager) oder

denjenigen, die das Getreide in diesen Speichern eingelagert haben?

- Ist es klug, wenn wir an Private obligatorische Abgaben (BVG, Zinsen, Versicherungsprämien, Parkgebühren etc.) bezahlen müssen?
- Dürfen die Besitzer und Verwalter von Getreidespeichern mit anderen Branchen im Wettbewerb in Konkurrenz treten?

5. Verfügbarkeit der gespeicherten Vorräte

- Was bedeutet es, wenn wir die Getreidespeicher unter dem Dollar, dem Yen und dem Euro neu definieren?
- Inwieweit ist es für die Menschen in den Regionen (dezentral) förderlich, wenn diese Getreidespeicher privat und in grosser Distanz zu den Getreideproduzenten zentral für einen ganzen Kontinent geführt werden?
- Warum haben die Deutschen die Landesbanken und die Schweizer die Kantonalbanken abgeschafft bzw. privatisiert?
- Brauchen wir keine Beamten mehr, welche die Getreidespeicher im Sinne einer Demokratie gerecht verwalten? Dürfen diese heute Manager sein, welche Löhne und Gewinne maximieren?
- Gehören Staatsbetriebe (Service public) nicht mehr zu einer modernen Gesellschaft? Oder sind sie gar zeitlos unabdingbar?

6. Verteilung der gespeicherten Vorräte

- Jugendarbeitslosigkeit bedeutet, dass den jungen Menschen heute verwehrt ist, mitzuhelfen, den Getreidespeicher aufzufüllen. Gleichzeitig beklagen wir, dass der Getreidespeicher für die Finanzierung der Renten nicht mehr gross genug ist. Was ist hier falsch?
- Was würde geschehen, wenn wir statt der arbeitenden Bevölkerung wieder die Besitzer der Getreidespeicher für eine nach den Regeln der Demokratie gerechte Verteilung des gespeicherten Geldes verantwortlich machen würden (geografisch, soziografisch, demografisch)?
- Was könnte dies bezüglich Geldverteilung und Arbeitslosigkeit konkret bedeuten?
- Brauchen wir noch Versicherungen, wenn das Recht zum Drucken von Geld bei Staatsbanken liegt?

7. Kontrolle der tatsächlich vorhandenen Werte

Wie die Erfahrung zeigt, gibt es im Umgang mit Geld und Geldsystemen ein grosses Potential für kriminelle Energie. So haben Kolonialstaaten in Afrika bis 1924 mit wertlosen Muscheln als Zahlungsmittel Sklaven bei der einheimischen Bevölkerung eingekauft. Heute reicht es, Bilanzen von Unternehmen und/oder Staaten zu fälschen, um nicht vorhandene Werte vorgaukeln zu können (z. B. Enron, Parmalat, Griechenland etc.).

- Was bedeutet es, wenn für die Eroberung von Geld weder Postkutschen überfallen noch Banken ausgeraubt, sondern

nur noch virtuelle Geldbeträge auf einem Computer elektronisch erzeugt werden müssen?
- Inwiefern müssen wir heute damit rechnen, dass unsere Ländereien und unsere Arbeit mit künstlich produziertem Geld (z. B. durch Bilanzfälschungen) bezahlt und gekauft werden?

8. Eroberung durch Geld und die Demokratie

Argentinien hat gezeigt, dass Ländereien heute mit Geld statt mit Waffen erobert werden können. Aber auch in St. Moritz mussten bereits Schweizer Bürger umziehen, weil sie die Mieten nicht mehr bezahlen können. An der Zürcher Bahnhofstrasse können laut einem Bericht des Schweizer Fernsehens nur noch Grosskonzerne ihre Läden eröffnen, welche die Miete über ihre Werbebudgets amortisieren. Luzerner Grundbesitzer suchen gemäss einem Bericht der *Neuen Luzerner Zeitung* vom 7. Oktober 2004 aktiv nach Grundstückkäufern aus Russland und den Arabischen Emiraten.

- Warum sollen Bürger in einer Demokratie noch Geld für Armeen ausgeben, wenn sie kein Territorium mehr zu verteidigen haben, weil dieses vom Weltkapital aufgekauft werden kann?
- Gibt es in dieser Situation noch das, was wir Demokratie nennen bzw. was wir lange unter einer Demokratie verstanden haben (selbstbestimmtes und freies Volk innerhalb eines Territoriums)?
- Bei wem verschuldet sich ein demokratischer Rechtsstaat in einem Geldsystem, welches keinen Goldstandard hat?

- Bei Privaten, die Geld drucken?
- Bei Privaten, die Zins erheben?
- Bei Privaten, die durch Leasing Geld herstellen?

- Kann eine Staatsbank (z. B. Berner Kantonalbank) Konkurs gehen, wenn die Geld druckende Nationalbank dem demokratischen Rechtsstaat gehört (Staatsgarantie)?
- Weshalb gehört die Schweizerische Nationalbank (SNB) zu rund 50% Privaten?
- Warum steht in den Statuten der SNB, dass diese von Privaten (Privatus) verwaltet werden müsse, weil der demokratische Rechtsstaat diese sonst zu eigenen Zwecken missbrauchen könnte?
- Haben die privaten Verwalter der SNB die SNB zu eigenen Zwecken missbraucht?
- Wer sind die privaten Aktienbesitzer der SNB seit ihrer Gründung, und warum ist das Aktionärsverzeichnis nicht öffentlich zugänglich?
- Wer hat beschlossen, dass die SNB ihr Gold verkaufen muss? Warum muss dieses Gold verkauft werden, und wer hat dieses Gold gekauft?

Anhang

Der Autor

Ivo Muri, Unternehmer, Sursee. Maschinenzeichner, Betriebsökonom HWV, Personalchef IAP, Preisträger des Zentralschweizer Jungunternehmerpreises 1998, 1959 geboren, verheiratet, Vater von 2 Töchtern.

Ivo Muri entstammt einer Unternehmerfamilie, welche Kirchturmuhren und Glockenantriebe herstellt. 1994 gründete er sein eigenes Unternehmen und stellte Softwarelösungen für die Bewirtschaftung von Arbeitszeiten in Unternehmungen her. Als er feststellte, dass die Menschen in den Unternehmungen zunehmend Zeitprobleme hatten, die man mit Software alleine nicht lösen kann, gründete er im Jahre 2002 das Institut Zeit & Mensch.

Mit dem Institut Zeit & Mensch möchte Ivo Muri den Menschen das Wissen über die Instrumente der Zeitmessung und Zeitplanung, den Sinn, aus dem diese entstanden sind, und wie man sie sinnvoll anwendet, vermitteln. Siehe dazu www.zeitmensch.ch.

Literaturangaben

Binswanger, Hans-Christoph: *Geld und Magie*. Weitbrecht Verlag, Stuttgart/Wien/Bern 1985.

Boudon, Raymond: »Adam und die Akademiker.« *Weltwoche* 38/04, Zürich.

Dubs, Rolf: *Volkswirtschaftslehre*. Haupt, Bern 1982.

Elias, Norbert: *Über den Prozess der Zivilisation*. Band II. Suhrkamp, Frankfurt 1997.

Fromm, Erich: *Es geht um den Menschen. Tatsachen und Fiktionen in der Politik*. Deutscher Taschenbuch Verlag, München 1992.

Geissler, Karlheinz A.: *Alles. Gleichzeitig. Und zwar sofort.* Herder Verlag, Freiburg 2004.

Krugman, Paul R.: *Der Mythos vom globalen Wirtschaftskrieg.* Campus Verlag, Frankfurt 1999.

Lippmann, Walter: *Drift and Mastery.* 1914.

Montesquieu, Charles L. de Secondat: *Vom Geist der Gesetze.* Reclam, Ditzingen 1994.

Marx, Karl: *Das Kapital.*

Muri, Ivo: *Kleptokratisches Manifest. Eine Volkswirtschaftslehre fürs Volk.* Eigenverlag, Sursee 2002. www.ivomuri.ch

Niederer, Christina/Spring, Katharina/Vogel, Jutta: *Frauenleben im letzten Jahrhundert: 15 Porträts aus dem Kanton Luzern.* Limmat Verlag, Zürich 2002.

Sennett, Richard: *Der flexible Mensch. Die Kultur des Kapitalismus.* Siedler Verlag, München 2000.

Sölle, Dorothee: *Lieben und Arbeiten. Eine Theologie der Schöpfung.* Piper, München 2001.

Weber-Fas, Rudolf: *Über die Staatsgewalt.* C.H. Beck Verlag, München 2000.

Zarlenga, Stephen: *Der Mythos vom Geld – die Geschichte der Macht. Vom Tauschhandel zum Euro: eine Geschichte des Geldes und der Währungen.* Conzett Verlag, Zürich 1999.

Was die christliche Religion zum Zinsverbot sagt:

Geitmann, Roland: »Bibel Kirchen Zinswirtschaft«, http://userpage.fu-berlin.de/~roehrigw/geitmann/

»Warum das Zinsverbot in der Bibel steht«, http://www.erkenntnis.org/comments.php?id=90_0_1